MW01075154

Gabriel J. Zanotti
Principios básicos de la Escuela Austríaca de Economía
en cuatro lecciones
(un libro tan fácil que hasta los filósofos podrán entenderlo)

Gabriel J. Zanotti

Principios básicos de la Escuela Austríaca de Economía en cuatro lecciones

(un libro tan fácil que hasta los filósofos podrán entenderlo)

Episteme
Editorial

Clasificación:
330 – Economía
Autor: Zanotti, Gabriel J.
Título: Principios básicos de la Escuela Austríaca de Economía en cuatro lecciones (un libro tan fácil que hasta los filósofos podrán entenderlo)
Ed.: Guatemala: Editorial Episteme, 2015
Descripción: 94 p.; 14x21 cm.
ISBN: 9789929677111
Temas: Economía; Escuela Austríaca de Economía

Edición a cargo de Antón A. Toursinov
Diseño de la portada: Julián González Gómez
Diseño y diagramación: Luis Alejandro Ramos

ISBN: 9789929677111

ÍNDICE:

Prefacio a esta primera edición 9

Nota introductoria 13

Lección I. Mercado y precios 15

Lección II. Moneda y crédito 39

Lección III. Trabajo y salarios 59

Lección IV. Las restricciones a la producción 75

Prefacio a esta primera edición

Este libro fue escrito en el año 2000, fruto de redactar la versión escrita en el último curso que dimos en la Escuela de Educación Económica del ya fallecido Almte. Carlos A. Sánchez Sanudo, quien fuera uno de los primeros en difundir la Escuela Austríaca de Economía en la Argentina de los 50.

El libro no tuvo edición formal en su momento, por eso digo "esta primera edición" que ahora publicamos gracias a la generosidad de la Editorial Episteme y su editor general, Antón Toursinov, cuya amistad me honra y cuya confianza permanentemente agradezco.

La característica fundamental de este libro es enfatizar aún más la didáctica para el aprendizaje de los principios básicos de la Escuela Austríaca (por eso nos hemos permitido un poco de humor en el subtítulo). Sin embargo, en este momento de nuestra vida –han pasado ya 15 años- no suponemos que estos textos sean "para las masas", las cuales, según el certero diagnóstico de Ortega y Gasset, Freud y Fromm, son inmunes a los argumentos racionales; pero confiamos sí en las personas de buena voluntad que quieran participar en la política concreta: ellas sí necesitan una introducción breve, pero razonada, a un mundo de ideas cuya ignorancia implicará graves precios en el futuro.

Es importante tener en cuentas que esta pequeña introducción fue escrita en el 2000, antes de la crisis argentina del 2001 y antes de la crisis mundial del 2008. En ese sentido, parte de mi nota introductoria anterior mantiene toda su actualidad: " *...Los esfuerzos para difundir estas ideas, por humildes que sean, nunca serán muchos. El mundo se encuentra <u>hoy</u> casi sin rumbo después de la caída del imperio soviético. Opino que es falso que se haya instaurado un capitalismo global. Lo que hay es un intervencionismo global, con todas sus secuelas: pobreza, desempleo, subdesarrollo, etc.,* con diversos grados, desde luego. *Pero lo peor es que todo eso se atribuye a un supuesto liberalismo económico, a una fantasmagórica globalización, que muy lejos está del libre comercio internacional descripto por Ludwig von Mises en 1927 en su casi desconocida y profética obra, «Liberalismo»".* Ese "hoy" mantiene toda su actualidad. Lo mismo con respecto a Argentina: *"Nuestro país no podría ser un mejor ejemplo. Los argentinos creen que unos pocos y tímidos avances que se hicieron en los 90 son el colmo del capitalismo y ahora quieren en general retroceder frente a lo que consideran una profundización del modelo impuesto por el Fondo Monetario. La pura verdad es que el Fondo Monetario es en sí mismo un monumento al estatismo internacional y que nuestro país lejos está de haber alcanzado las bases sólidas de una economía de mercado. Mientras tanto la pobreza y la desocupación siguen aumentando y las voces que piden más estado avanzan como fruto, no sólo de los grupos de presión, sino de una incorrecta interpretación de la realidad, compartida tanto por gobernantes como por gobernados".* Por lo demás, en la clase tres, yo advertía: *"Ustedes saben que en este momento en la Argentina hay cuentas bimonetarias, en pesos y en dólares. Ya se estima que la cantidad ahorrada en dólares es mucho mayor. Aún hay estabilidad en los precios, pero las expectativas por la estabilidad en el futuro en cuanto a pesos son muy bajas. La demanda de pesos está bajando y el sistema no va a durar, por más millones que el estatista FMI le preste a De la Rúa para que su banco central siga vendiendo dólares y más dólares".* Y, efectivamente, así sucedió.

El sistema, como ya todos trágicamente sabemos, no duró en absoluto. La demanda de dólares siguió creciendo y en Diciembre del 2001 el sistema explotó. Pero, para que sea vea la tragedia de la rebelón de las masas –que lamentablemente no es la rebelión del Atlas– no sólo nada se aprendió, sino que la culpa fue echada al "neoliberalismo de Menem y De la Rúa" y en el 2003 sube al poder un régimen dictatorial pro-cubano y prochavista, que en 11 años no convirtió a la Argentina en la Venezuela actual sólo por las divisiones internas del peronismo. El drama de la estatolatría mundial, de la cual, actualmente, casi nadie se salva, no nos detendrá. Seguiremos escribiendo, sencillamente porque debemos hacerlo. Eso está en nuestras manos. Lo demás, en las manos de Dios.

Gabriel J. Zanotti
Guatemala, Enero de 2015

Nota introductoria

A principios del corriente año nos reunimos el Almte. Sánchez Sañudo y yo para preguntarnos una vez más la permanente pregunta: qué se puede hacer. Y nos dijimos mutuamente una no menos permanente respuesta: un curso. ¿Utopía de la razón? Algunos de mis colegas filósofos gustarían de ese título. Sin introducirme de ningún modo ahora en el tratamiento del tema, digamos que al menos es una utopía mejor que otras, que es innecesario nombrar, que han recurrido a la utopía de la fuerza.

Lo que el lector tiene entre manos es, por consiguiente, el resultado, tal vez ingenuo, de un curso básico de Escuela Austríaca de Economía, separado en cuatro módulos. A pesar de haber sido reescrito, se ha seguido de cerca la transcripción de las grabaciones y se ha tratado de mantener toda la espontaneidad del estilo oral, aunque limpiándolo de sus casi inevitables desprolijidades expositivas. El orden de las lecciones trató de seguir el programa del curso donde el lector encontrará también una bibliografía básica e introductoria.

Los esfuerzos para difundir estas ideas, por humildes que sean, nunca serán muchos. El mundo se encuentra hoy casi sin rumbo después de la caída del imperio soviético. Opino que es falso que se haya instaurado un capitalismo global. Lo que hay es un intervencionismo global con todas sus secuelas: pobreza, desempleo, subdesarrollo, etc., con diversos grados, desde luego. Pero lo peor es que todo eso se atribuye a un supuesto liberalismo económico, a una fantasmagórica globalización, que muy lejos está del libre comercio internacional descripto por Ludwig von Mises en 1927 en su casi desconocida y profética obra, *Liberalismo*. Por supuesto que estamos mejor que en 1940, cuando nos amenazaba la globalización del nazismo. Pero la miseria, la desnutrición infantil, el hambre, las condiciones indignas de vida, guerras de todo tipo, trabas migratorias y descomunales poderes de intereses de presión siguen mostrando sus desastrosos efectos, con uno más, volvemos a reiterar: que se lo llame capitalismo global.

Nuestro país no podría ser un mejor ejemplo. Los argentinos creen que unos pocos y tímidos avances que se hicieron en los 90 son el colmo del capitalismo y ahora quieren en general retroceder frente a lo que consideran una profundización del modelo impuesto por el Fondo Monetario.

La pura verdad es que el Fondo Monetario es en sí mismo un monumento al estatismo internacional y que nuestro país lejos está de haber alcanzado las bases sólidas de una economía de mercado. Mientras tanto la pobreza y la desocupación siguen aumentando y las voces que piden más estado avanzan como fruto, no sólo de los grupos de presión, sino de una incorrecta interpretación de la realidad, compartida tanto por gobernantes como por gobernados.

Soy consciente de que los paradigmas alternativos tardan mucho en llegar a convertirse en la interpretación habitual, y soy consciente de que poco se podrá hacer mientras no se estudie más este tema en ámbitos universitarios. Pero no se puede estar encerrado en la propia biblioteca mientras cada vez hay más niños que se alimentan de basura y rozan su piel con jeringas infectadas. El motivo del optimismo, como dijo Popper, no consiste en el imposible conocimiento de que mañana vamos a estar necesariamente mejor. El optimismo se basa en lo que podamos hacer hoy.

Buenos Aires, Noviembre de 2000

Lección I. Mercado y precios

Temas y bibliografía:

1. **Escasez**
2. **Teorías del valor y ley de utilidad marginal**
Bibliografía básica:
Benegas Lynch, A. (h): *Fundamentos de análisis económico*; Abeledo Perrot, Buenos Aires, 1990, 1ª parte, cap. 2, puntos 3 y 4.
Rothbard, M.N.: *Lo esencial de Mises*; Unión Editorial, Madrid.
3. **El proceso de mercado. El mercado como orden espontáneo y proceso de descubrimiento.**
Bibliografía básica:
Hayek, F.A.: *Derecho, Legislación y Libertad*; Unión Editorial, Madrid, 1979, Tomo II, cap. X.
Hayek, F.A.: "La competencia como proceso de descubrimiento"; en *Nuevos estudios en filosofía, política e historia de las ideas*; Eudeba, Buenos Aires, 1981.
Sarjanovic, I.: "El mercado como proceso: dos versiones alternativas" en *Libertas*, 11.
4. **Bienes públicos y externalidades.**
Bibliografía básica:
Benegas Lynch, A.: "Bienes públicos, externalidades y los free riders", en *Libertas*, 28.
5. **Precios máximos y mínimos.**
Bibliografía básica:
Benegas Lynch, A (h): *Fundamentos de análisis económico*; op. cit., cap. V.

El primer punto es el tema del mercado. Para ello debemos comenzar con algo sin lo cual el mercado no existiría, y estaríamos, tal vez, más felices. Es el problema de la escasez. Esta cuestión es difícil de internalizar. Habitualmente no reparamos en su importancia y no lo consideramos hasta sus últimas consecuencias. Los libros de texto habituales de economía dicen que un determinado bien es escaso cuando su demanda es mayor que su existencia. Supongamos que fuéramos 200 personas y las sillas fueran muchas menos. ¡Qué problema!, ¿no?

Otra noción, no tan habitual, viene de la escuela austríaca. No tiene que ver con una noción tan cuantitativa. Es una cuestión concomitante con lo humano. Nuestras necesidades son ilimitadas. No porque nosotros seamos ilimitados. Sino porque la lista de cosas que podríamos necesitar es casi infinita, y sin embargo los medios de los que disponemos, en relación con esa lista potencialmente infinita, son muy limitados.

Hoy, por ejemplo, podríamos haber hecho muchas cosas, pero hemos seleccionado, ustedes y yo, este curso, de esa lista potencialmente infinita de cosas que podríamos haber hecho. Ustedes, reitero, en este momento están aquí, pero podrían haber estado en otro lado. Y para estar aquí están utilizando tiempo, y otro tipo de recursos que son escasos, y los podrían haber asignado a otras necesidades.

Voy a insistir en este tema, que no sólo es el problema de la escasez, sino el drama de la escasez. Es un punto básico de cualquier curso de economía y relativamente independiente de tal o cual escuela de pensamiento. Insisto en esto porque muchas veces padecemos el drama de la escasez suponiendo que se origina en la maldad del ser humano, y suponemos que, si todos fuéramos buenos, habría de todo para todos. Este error, muy grave, por cierto, lo pueden escuchar en personas muy ilustradas, que pueden ostentar cuatro o cinco doctorados pero que, sin embargo, desconocen este fundamental problema. Para ilustrar este punto, voy a dar mi ejemplo favorito. Vamos a suponer que hay diez santos caminando en un desierto y se quedan sin agua. Dios decide no hacer ningún milagro y se quedan sin agua. Ahora bien, como son todos muy buenos y muy santos, lo poco que les queda de agua se lo dan los unos a los otros. Y así se van muriendo de sed santamente, dándose los unos a los otros hasta la última gota de agua que les quedaba. Son héroes, son santos, pero se murieron. Su santidad no soluciona la escasez. Tratemos de imaginarnos a nosotros, que no somos santos, en una situación similar: al drama de la escasez se sumarían otros dramas.

Por supuesto, la santidad personal permite enfrentar mejor el problema de la escasez. Pero no lo soluciona. La solución del problema –no, desde luego, la eliminación de la escasez- se encuentra en la ciencia económica. Ciencia que estudia precisamente cómo asignar, del mejor modo posible, recursos que son escasos a necesidades que sean prioritarias.

Hay problema económico, pues, porque los recursos son escasos. Hay precios porque los productos son escasos; debe haber ahorro para formar capital porque los recursos son escasos. Si no lo fueran, si los encontráramos en abundancia tal cual manzanas en los árboles (suponiendo, claro, que no seamos 10.000 personas con sólo dos manzanas.), no tendríamos problema económico. Tendríamos otro tipo de problemas, pero no el económico. El problema más paradójico que tenemos con respecto a la escasez consiste, por ende, en ignorar el problema. En suponer que todo consiste en un gobernante bueno que distribuya santamente recursos que nacen como por encanto de las arcas del estado. Esa increíble ingenuidad se encuentra diseminada en los más ilustrados sectores dirigentes de todo el mundo. Esa ingenuidad tiene un precio muy alto. Ese precio es la más terrible miseria y pobreza de nuestros semejantes.

Pasemos entonces al punto 2 del tema de hoy. A partir de aquí, podemos enfocar con más facilidad uno de los puntos más importantes de la teoría económica: la teoría del valor. Cuando digo valor, no me estoy refiriendo a los valores éticos ni estéticos. Me estoy refiriendo a la teoría del valor que explica el valor de los bienes en el mercado. Todos sabemos intuitivamente que no es lo mismo una cosa que otra. La honestidad es un valor moral irrenunciable pero a veces no es rentable. Y puede ser que el primer cuadro que pintó Picasso no valiera nada en el mercado. ¿Cómo vamos a encarar, pues, la teoría del valor en el mercado? Vamos a hacer una primera y típica subdivisión: valor objetivo y valor subjetivo. Hablar de un valor objetivo no es un error, porque los valores éticos son objetivos. Pero la teoría del valor objetivo en economía es otra cosa. Esa teoría trata de encontrar un elemento que esté en las cosas de manera independiente de las valoraciones de las personas en el momento de comprar y vender. Ese elemento puede ser la escasez, el costo, el trabajo, la utilidad, etc.

O sea que las teorías objetivas del valor afirman que el valor está en las cosas y no en las personas que valoran. Estas teorías se encuentran con algunos problemas. Por ejemplo, vamos a suponer que, basándonos en lo que ya vimos, afirmamos que la escasez es el origen del valor. Parece razonable. Sin embargo, cuando decimos que algo es escaso, ¿lo es en relación con qué? Por ejemplo, los sombreros como los que usa el Almirante son muy escasos hoy en día en la ciudad de Buenos Aires, pero a la vez son muy poco demandados.

O sea que si algo es escaso (en relación con lo que fuere) pero su demanda es cero, no vale nada. Con el tema del costo pasa lo mismo. Es muy comprensible que si a uno le ha "costado" mucho hacer o fabricar tal o cual cosa (en tiempo, en capital, en trabajo, en recursos naturales, etc.) entonces uno mismo lo valora mucho. Pero, de vuelta, si el producto no es demandado en el mercado, no vale nada. Todo el que haya sido empresario y haya trabajado sin protecciones sabe que por más altos que sean sus costos, puede ser que su precio de venta esté por debajo del costo o que no valga nada. Lo mismo sucede con respecto al trabajo. Si yo quisiera fabricar un avión, el trabajo que eso me puede tomar puede demandar toda una vida, pero el resultado va a ser un completo desastre. No va a ser valorado en el mercado de ningún modo. Con respecto al tema de la utilidad, pasa lo mismo que con la escasez. Es razonable que se piense que si un bien es útil va a tener valor, pero en ese caso se confunde su utilidad técnica con la demanda.

Por ejemplo, se puede decir que este grabador es objetivamente útil para grabar la conferencia. Pero si hacemos un túnel del tiempo y vamos a la antigua Grecia a vender grabadores, nadie lo va a comprar. Por más que sea objetivamente útil para grabar las charlas de los grandes filósofos. Algo puede ser objetivamente útil, pero eso no quiere decir que sea demandado en el mercado. Lo que la escuela austríaca siempre ha destacado es la utilidad subjetiva. Subjetivo quiere decir la utilidad que determinado bien tiene para determinado sujeto, para determinada persona.

Aclaremos esto. La persona valora cuando realiza una opción. Una opción significa optar entre a y no a (por ejemplo, todos ustedes han tenido hoy la opción de venir o no venir al curso). En ese sentido la opción es subjetiva, porque depende de lo que la persona decida. Es la persona la que decide optar por tal bien considerando que tiene tal o cual utilidad. Eso no significa, por supuesto, que la persona no pueda errar, desde muchos puntos de vista.

Esas opciones subjetivas pueden ser completamente falibles a la luz de otros criterios que sí son objetivos, esto es, que no dependen de lo que la persona decida. Yo puedo decidir que lo más útil para salir de mi edificio es dar un salto hasta la calle pero corro el riesgo de estrellarme contra el suelo, y ese riesgo ya no está en mis manos.

Por ende, puede haber incontables errores, pero eso no quita que la valoración sea subjetiva en cuanta opción. Esas opciones van determinando la vida económica de todos los días, porque, finalmente, lo que va determinando el valor en el mercado de todos los bienes de consumo y de producción son esos incontables actos cotidianos de un incontable número de personas que eligen entre una cosa y otra.

Al haber aclarado este punto, entonces los dos elementos que nombrábamos antes, la utilidad y la escasez, tienen un sentido especial. Porque una vez que alguien opta por un bien, entonces esos dos factores tienen importancia.

En primer lugar, porque ya no se trata de la utilidad técnica, objetiva, del bien, sino que lo que ocurre es que cuando una persona opta, considera, faliblemente, que tal bien es necesario con respecto al logro de tal o cual fin. Por ejemplo, todos ustedes han considerado que este curso es conveniente para aprender economía (¡espero que no se hayan equivocado!!). O sea que se trata de una utilidad subjetiva por cuanto la persona, el sujeto, considera que tal cosa es útil con respecto a tal otra. Y, por supuesto, allí se enfrentan también con el significado que para ustedes tiene la escasez de los bienes por los cuales están optando. Para mí, por ejemplo, la escasez de buenos libros de filosofía incrementa notablemente su valor. Pero puede ser que para otros no. La escasez considerada subjetivamente tiene que ver con la utilidad subjetiva. Por supuesto, yo considero que un ejemplar de la Metafísica de Aristóteles, o los Diálogos platónicos, son objetivamente valiosos, pero no es eso lo que va a determinar su valor en el mercado. También considero que Dios es objetivamente indispensable para la perfección del hombre. Pero Dios no se compra sencillamente con nada.

Ahora estamos en condiciones de explicar la ley de la utilidad marginal, que a veces parece difícil pero sin embargo es más sencilla de lo que parece. Voy a utilizar mi ejemplo favorito.

Vamos a suponer que disponemos de cinco hojas de papel. Todas homogéneas, esto es, capaces de proporcionar el mismo servicio. Supongamos también que, dado que disponemos de cinco hojas, elegimos, de nuestra potencialmente infinita escala de fines, cinco. Los ordenamos según sean nuestras prioridades. La ordenación es subjetiva porque la hace el sujeto (la persona); y es, por ende, falible.

En mi caso, mi primer fin sería escribir algo de filosofía. Utilizaría la primera hoja para eso. La segunda, para escribir un poema. La tercera, para practicar caligrafía (¡me vendría muy bien, ¿no?!). La cuarta para hacer dibujitos y la quinta para hacer un avioncito de papel y tirárselo al Almirante (es broma, claro). Ahora razonemos un poco. Si yo dispusiera sólo de una hoja de papel, ¿para qué la utilizaría, suponiendo a su vez que mi escala valorativa no ha cambiado? (Hago esta aclaración porque esta disposición de medios y fines es obviamente libre). Pues para escribir algo de filosofía, dado que ese es mi fin más importante, lo que yo valoro más, y por ende, si dispongo de sólo una hoja, las demás cosas son prescindibles.

Por supuesto, volvemos a reiterar que puede haber error en lo que uno considera prioritario o no. A veces parece que no porque los ejemplos son muy claros. En el famoso ejemplo de Robinson Crusoe que se queda solo en una isla (que utilizaremos después), habitualmente estamos todos de acuerdo en que sus prioridades son conseguir refugio y alimento y no fabricar un piano. Empero, si Robinson decidiera esto último, y utilizara la madera de que dispone para eso, ello sería coherente según su escala valorativa. Veremos que en la interacción social las cosas son más difíciles.

Pero no nos desviemos de tema. Siguiendo el mismo ejemplo, vamos a suponer que en vez de cinco unidades (cinco hojas de papel) cuento con cuatro, porque he perdido una de ellas. Puede ser cualquiera. El asunto es que me he quedado con cuatro. Entonces, ¿qué fin dejaría de satisfacer? Pues el último, desde luego. Si mis fines siguen siendo los mismos y de cinco hojas me quedo con cuatro, ya no voy a poder hacer el avioncito.

Ese fin era lo último en mi escala valorativa, el que queda "en el margen". Y, por ende, a la unidad (una de las hojas) que teníamos asignada para ese fin la llamamos unidad marginal. Ahora bien, dado que al perder cualquier unidad dejo de satisfacer el último fin, entonces decimos que el valor de cualquier unidad es igual al valor de la unidad marginal. Ahora fijémonos en otra cosa. ¿Qué pasa a medida que va aumentando el número de unidades?

Pues que el valor de la unidad marginal vale cada vez menos, al asignarse a un fin que valoro también cada vez menos. (Supongamos que disponemos de 100 hojas: aquello para lo cual utilizamos la hoja 100 es menos valioso que aquello para lo cual utilizamos la unidad 5). Y por lo tanto deducimos: a medida que aumenta la cantidad de unidades valorizadas de determinado bien, el valor de la unidad marginal es menor. Y como el valor de cada unidad es igual, recordemos, al valor de la unidad marginal, deducimos que a mayor número de unidades, el valor de cada unidad es menor. Eso es lo que se llama ley de utilidad marginal decreciente.

Pero no significa esto que cuantas más unidades tengo, su valor baja automáticamente. No. Todo depende, como dijimos antes, de que sean unidades de un bien que haya sido valorizado por el sujeto. El número de sombreros puede aumentar pero su valor para mí no sube ni baja porque sencillamente yo no uso sombreros.

¡Cuántas cosas son explicadas por esto! Ahora vemos intuitivamente, al menos, por qué si aumenta la oferta de un bien su precio baja, y si aumenta su demanda su precio sube. Por qué, si hay mayor demanda de trabajo, los salarios suben y por qué son más bajos cuantas menos inversiones haya. Por qué la moneda vale cada vez menos si hay emisión monetaria.

Bien, todos estos temas los vamos a ver bien después, pero observemos que ahora podemos ir entendiéndolos un poco más. La ley de la utilidad marginal decreciente explica la mayor parte de los fenómenos de mercado.

Antes de seguir adelante, ¿alguna pregunta aclaratoria?
P – Creo haber leído algo parecido a lo de la utilidad marginal sobre los rendimientos decrecientes en una empresa.
R – Está indirectamente relacionado, pero no es lo mismo. No pensaba desarrollar el tema ahora, así que lo voy a resumir mucho. La ley de rendimientos decrecientes afirma que cuando la combinación de factores de producción alcanza un óptimo, los rendimientos

son decrecientes. *Eso se aplica naturalmente a la empresa, pero tiene otro tipo de fundamentación, que no es la misma.*

P – Si el trabajo es un recurso escaso, ¿por qué hay desempleo?

R – Eso lo vamos a tratar en la lección 3. Tiene que ver con un tema que trataremos hoy, que es el de los precios mínimos, trasladado al salario. Pero, reitero, nos ocuparemos bien del tema en la lección 3.

P – El tema de los rendimientos decrecientes, ¿tiene que ver con lo que hacen los japoneses, que producen demasiado y a la empresa no le conviene?

R – Bueno, aunque aún no lo hemos visto, si el mercado es libre cada unidad de producción incurre en pérdidas si está pasando la línea de los rendimientos decrecientes. Sólo una protección del estado la puede salvar de las pérdidas en un caso así.

Bien, estamos en condiciones de comenzar el punto 3. Vista la teoría del valor, podemos analizar qué es el mercado, cómo funciona. Todos sabemos en nuestra vida cotidiana qué es un mercado. Uno dice que va al mercado, o habla del mercado ganadero o el mercado de valores. Todos podemos darnos cuenta entonces de que el mercado es un intercambio, de bienes y servicios, entre los que ofrecen dichos bienes y los que los demandan. Hay un mercado de bienes de consumo, esto es, los bienes que son demandados para consumo final, y un mercado de factores de producción, o sea, bienes que producen los bienes que son demandados en los mercados de consumo final.

Pero lo que quiero destacar ahora es que la escuela Austríaca no se limita a decir que el mercado es el encuentro entre oferta y demanda y que ese encuentro tiene que ser libre. Eso lo dicen muchos. La escuela Austríaca agrega algunas cosas. Ante todo, el mercado no es un lugar físico, sino un proceso, y muy dinámico. ¿Qué quiere decir eso? Que el encuentro entre oferta y demanda está en permanente movimiento, es dinámico, pues las valoraciones entre oferta y demanda dialogan y cambian permanentemente. Ello supone, en segundo lugar, que la racionalidad de los que intervienen en el mercado es limitada. Esto es básico. Las decisiones humanas son racionales en cuanto asignan libremente medios afines, pero nada más que por eso. Como ya dijimos, las decisiones pueden ser completamente fallidas, porque el ser humano es falible. Hay posibilidad de error –por ejemplo, compré un kilo de tomates muy caro porque no sabía que acá cerca estaban más baratos y mejores-, de incertidumbre –no sabemos con certeza cuáles son las valoraciones del otro- y consiguiente riesgo (cualquiera puede tener pérdidas en cualquier momento).

Es básico entender lo importante que es esto como punto original y difícil de la escuela Austríaca. Alguien me puede decir: si, ¿y qué? Que lo que estamos diciendo, nada más ni nada menos, es que a partir de esta situación, donde oferentes y demandantes se encuentran en tal estado de ignorancia e incertidumbre, surge un orden. ¡Ah!, ¡esto es otra cosa!, ¿no? Acá es donde parecemos locos (bueno, tal vez yo sea loco, pero los economistas austríacos no). Porque, naturalmente, ante tal situación de ignorancia de los que participan en el mercado, ¿no tendría que venir alguien y ordenar el proceso? La contestación austríaca es: más que alguien, algo. Pero, ¿de qué estoy hablando? Ya llego. Pero antes déjenme profundizar esta ignorancia en el mercado de la cual habla la escuela austríaca. Esto ha sido muy bien explicado por Kirzner, uno de los más brillantes discípulos de Mises. La ignorancia del que actúa en el mercado no es la ignorancia conocida, que se asume como un costo. Por ejemplo, yo "sé que no sé nada" sobre cómo operar en la bolsa de valores. Tengo una idea aproximada de lo que pierdo por no saberlo, y por mi decisión de no saber eso y saber en cambio otras cosas.

Ahora bien, el tema es que hay cosas cuya ignorancia ignoro. Por ejemplo, tal vez haya un empresario que pueda comercializar y vender maravillosamente alguno de mis más invendibles – hasta ahora- libros, pero el caso es que yo no lo sé. Lo ignoro absolutamente, esto como una potencialmente infinita cantidad de cosas que ignoro y que serían oportunidades de ganancia.

Pero entonces, esto vuelve a enfatizar lo anterior. Si eso es así, ¿quién puede ordenar al mercado? Justamente, nadie. Ninguno está exento de esa ignorancia y falibilidad. El mercado libre tiende a cierto equilibrio, siempre en estado de tendencia (nunca llega al equilibrio) gracias a ciertas condiciones más institucionales que otra cosa. Acá hay dos presupuestos que explican esta tendencia.

El primero, muy importante, es jurídico. Un mercado tiende al equilibrio cuando las personas actúan en situación de propiedad privada y libertad de entrada y libertad de entrada al mercado. Esto es, cuando hay una competencia potencial de entrada al mercado, admitida jurídicamente.

Todos los subsidios estatales e intereses creados de grupos de presión, protegidos por el estado, atentan contra eso, aunque haya propiedad nominalmente privada. Este presupuesto (libertad de entrada al mercado, ausencia de privilegios legales) es importantísimo porque, entonces, yo puedo actuar en el mercado y errar totalmente, pero, en ese caso, no tengo cómo permanecer en el mercado.

Como diría Benegas Lynch (h), yo puedo empeñarme, si estuviera loco, en producir bananas en la Patagonia, pero en tanto no tenga subsidios. ¡Me fundo a los dos días! De ese modo, se van yendo del mercado aquellas personas que no corrijan sus errores[1]. Y de ese modo se van quedado los que más aciertan y acercan de ese modo la oferta de bienes y servicios a las necesidades de la demanda.

Con lo cual nos hemos introducido al segundo presupuesto. Esa incertidumbre de la que hablamos y esos errores tienen una contrapartida, que es la capacidad de aprendizaje a partir de

---

[1] El lector encontrará este curso lleno de argumentos más bien "convincentes", fruto del intento de aclarar las cosas cuanto más se pueda. Es fruto de un estilo oral, de "clases": el lector está leyendo no un texto escrito sino la transcripción de clases que no fueron leídas. Si el lector tiene la impresión de que algo es "demasiado" convincente, mantenga la distancia crítica, vaya a la bibliografía y trate de profundizar la cuestión.

nuestros errores. Esto fue llamado por Hayek el factor aprendizaje y por Kirzner "alertness", esto es, la capacidad de estar alerta a las oportunidades de ganancia. Esta capacidad es intuitiva, no es fruto de un entrenamiento técnico-intelectual (por eso no todo aquel que hace un master es un buen empresario) y puede crecer con el tiempo.

El asunto es que este factor es la contrapartida de nuestra ignorancia, es tan humano como ella, y no nos da un conocimiento perfecto, pero sí la oportunidad de acertar sobre el mejor modo de satisfacer las necesidades de la demanda. Estos dos factores, capacidad de entrada jurídica al mercado y la capacidad de aprender, son los que explican que haya una tendencia al equilibrio en medio de nuestra ignorancia, y sin nadie en particular que gobierne el proceso, excepto la misma ley que garantiza la libertad de entrada al mercado. Porque aquellos que van a "subsistir", a quedarse en el mercado, son solamente aquellos que tengan esta capacidad.

Pues si no la tienen se equivocan; si se equivocan dilapidan sus recursos y sus pérdidas los colocan fuera del mercado. Solamente se quedan en un mercado libre aquellos que tengan esta intuitiva capacidad de combinar los recursos productivos (escasos) del mejor modo posible en relación a la demanda de los consumidores, demanda con la cual también hay que acertar. Me van a decir: pero eso no existe, porque los mercados están protegidos. Precisamente, si ustedes se fijan en el orden de los capítulos de *La Acción Humana* de Mises, van a ver que luego de describir el mercado, los precios, el mercado de los factores de producción, etc., llega a una sección que se llama "El mercado intervenido", donde se trata qué sucede precisamente cuando los presupuestos jurídicos de los que hemos hablado no se cumplen.

Ocurre entonces que quedan en el mercado no aquellos que hayan aprendido de sus errores, sino los que están protegidos por el estado, con lo cual esa tendencia a la economización es herida mortalmente. En cada lección vamos a ir viendo casos particulares de economía intervenida. Esta distinción clara entre economía libre e intervenida es también muy particular de la escuela Austríaca, cuyos historiadores dicen no sin razón que tomó conciencia de sí misma más o menos después de los 50.

Si alguien está estudiando economía, puede darse cuenta de que todo esto es contrario a los modelos neoclásicos de competencia perfecta, donde se supone que oferentes y demandantes tienen perfecto conocimiento, que no influyen en el precio, etc. Pero como el mercado real no tiene nada que ver con eso, habitualmente se concluye: la distancia entre el modelo y la economía real es cubierta por la intervención del gobierno, que tratará de acercar la realidad al ideal del modelo. Ese planteo nada tiene que ver con el de la esc. Austríaca.

El mercado es un proceso imperfecto, radicalmente imperfecto, y lo que compensa esa imperfección es la creatividad humana y su capacidad de aprendizaje, como dice el título de un clásico ensayo de Hayek: la competencia como proceso de descubrimiento. Es una competencia imperfecta pero "suficiente": tal sería la palabra justa. Suficiente para garantizar que quienes queden en el mercado sean los "menos" imperfectos en cuanto a capacidad de aprender de sus errores. Este es el punto, lo básico de la escuela Austríaca y que explica por qué parece a veces que sus pensadores razonan al revés.

Allí donde ven imperfección humana, no proponen la vigilancia del estado como solución, sino condiciones jurídicas claras, de tal modo que las imperfecciones sean menores. Lo cual, entonces, no soluciona todos los problemas, pero sí es una solución mejor con un enfoque distinto al de las demás escuelas. Antes de pasar a los temas 4 y 5 de hoy, ¿hay alguna pregunta aclaratoria?

P - ¿Por qué el último bien es necesariamente el bien marginal?
R – En la deducción de esa ley hay una combinación de convenciones terminológicas y cuestiones reales. Cuando usted hace su escala de prioridades, hay ciertas actividades que son prioritarias y otras prescindibles. Por ejemplo, hoy, a esta hora, yo podría haber estado haciendo muchas cosas, pero es evidente que dar este curso es

prioritario. Hay otras cosas que están "en el margen" de mis posibilidades. Por ejemplo, si alguien me llama para verme a las 10 de la noche, bueno, tendré que evaluar bien la situación, eso está en el margen de mis posibilidades de hoy. Pero si alguien me hubiera llamado para tomar un café a las 19, esto es, a esta hora, bueno, eso hubiera estado totalmente fuera del margen de posibilidades dado lo que es prioritario para mí. Cuando digo "mis" prioridades, simplemente, vuelvo a decir, destaco que las prioridades son establecidas por cada uno, independientemente de criterios objetivos según los cuales uno puede equivocarse o no en qué es lo prioritario.

P - ¿Cómo era eso de los supuestos jurídicos?

R – Depende del alcance que se le quiera dar a las palabras. Nos referimos en realidad a condiciones institucionales para la actividad del mercado. Hay muchas, pero la escuela austríaca, donde no hay escisión entre economía y derecho, supone un marco de derechos individuales de propiedad y de libre entrada protegidos a su vez por algún tipo de garantías judiciales. Este es un tema muy largo, pero no imaginan cuán importante: de esto depende no sólo el funcionamiento del mercado sino también la estabilidad política necesaria para la acumulación de capital, acumulación que es básica para el aumento del salario real, contrariamente al pensamiento marxista aún imperante en gran parte de nuestros partidos políticos. Vuelvo a decir que para los modelos neoclásicos estos serían temas "anexos", pero para los austríacos no. Por eso hoy en día la escuela austríaca es neoinstitucionalista, pero, en fin, con eso nos vamos mucho de tema.

Pasemos entonces al punto 4. No es fácil, pero si no lo tocamos vamos a dar la impresión de que estamos hablando de una mercadotopia, esto es, una utopía de mercado, y nada más lejos de nuestra intención y de nuestras ideas.

Los economistas, todos, no sólo los austríacos, hablan de dos cuestiones muy especiales: por un lado los bienes públicos, por el otro, las externalidades. Vamos a tratar de definir ambas cosas.

Un bien público, en principio, es aquel en el cual no rige el principio de exclusión. Si compramos una lata de gaseosa, otro consumidor potencial se quedó sin esa lata de gaseosa. Pero supongamos que salimos a la calle. Camino yo, camina otro, caminan 3, caminan 4, y parece que no rige, entonces, el principio de exclusión. Ahora bien, la mayor parte de los economistas, excepto los austríacos, agregan: para esos bienes públicos no funciona el mercado. ¿Por qué un privado va a impedir el acceso a un bien público? ¿Qué bien social se obtendría con ello? El estado debería hacerse cargo de ellos: calles, puentes, plazas, etc.

Ante todo quiero que se queden tranquilos porque yo no estoy diciendo que sea un deber moral privatizar esas cosas. Hay cosas más importantes de las cuales ocuparse: que disminuya la pobreza, la desocupación. Después veremos cómo financiamos las calles y las plazas. Simplemente quiero recordar que los bienes públicos no son necesariamente superabundantes. No son siempre bienes libres, son, la mayor parte de las veces, bienes escasos. Y la mayor parte de bienes públicos que conocemos – pongamos el ejemplo de un puente- son "muy" escasos, en el sentido que son muy costosos: su producción implica una gran cantidad de recursos naturales, de capital y de trabajo. Entonces la pregunta es: ¿cuál es el mejor modo de financiar un bien público así?

Hay dos respuestas básicas: por el estado a través de impuestos, o por una empresa privada, a través de sistemas como peajes o cosas por el estilo. Se afirma habitualmente que este último sistema produce un menor nivel de vida para todos e injustas situaciones, pues entonces los que no tengan el dinero no podrán acceder a ese bien público.

Pero se olvida que si el sistema es a través de los impuestos, se produce una gran ilusión óptica. El bien público "parece" gratis a nuestros bolsillos, pero no lo es, de ningún modo. A través de los impuestos, todos están pagando por un puente o lo que fuere que alguna vez van a usar o tal vez nunca. Y lo injusto es que los sectores de menores recursos están pagando aquello que no usan nunca (como los sectores más pobres del país que pagan con sus impuestos una universidad a la cual nunca van a tener acceso). Si a esto se dice que los impuestos deben ser sólo "a los más ricos", bueno, después veremos los efectos desastrosos que ese impuesto tiene para los más pobres.

Quedan dos preguntas pendientes. ¿Qué pasa cuando un bien público es muy costoso pero no es rentable? Supongamos un puente que sea estratégicamente conveniente para unir tal región con otra. Pero los consumidores no lo demandarían y por ende no es rentable. Entonces tenemos que tener conciencia de que, sencillamente, es un gasto. No es una inversión que va aumentar el capital disponible ni el trabajo: es una gasto que va a "consumir" capital disponible y sacará trabajo y recursos naturales de otros ámbitos (demandados por consumidores) para ser destinados a ese puente. Por ese puente habrá menos de otros bienes que habitualmente consumimos. Pero, ¿quiere decir eso que no se "debe" gastar en ello? No: es un bien público que, en un sistema democrático genuino, tiene que ser discutido y votado. Hayek recomienda que ese tipo de bienes públicos sean financiados por gobiernos municipales, cuyos gastos están más cercanos a nuestra vista, y no los gastos de un lejano gobierno federal que parece estar financiado por los marcianos. (Bueno, lo de los marcianos lo digo yo, no Hayek).

Quede entonces claro que ese tipo de bienes públicos pueden ser políticamente necesarios, militarmente necesarios, pero esa "necesidad" es una decisión política que debe estar muy cercana al control de los ciudadanos y no debemos engañarnos pensando que son inversiones que aumentan el capital existente. Por lo tanto cuando las empresas privadas no encaran proyectos no rentables no es por el capitalismo malévolo, sino al contrario, por no dilapidar recursos escasos que los consumidores han demandado para otras cosas.

Segunda pregunta pendiente: ¿qué pasa cuando un bien público es lo que Mises llamaba monopolio de espacio natural? Esto es, que, aunque haya libertad jurídica de entrada, sólo un servicio puede "pasar" o "estar" en determinado lugar, como, por ejemplo, ciertos caños por determinado lugar, etc. En esos casos (muy frecuentes en ciertos servicios públicos) es importante que no se impida de ningún modo la libertad jurídica de entrada, dejando lugar a la competencia potencial de innovaciones tecnológicas que el mercado, como constante proceso de descubrimiento, produce. Entretanto, puede recurrirse a sistemas de concesión que produzcan sistemas de competencia artificial para determinar qué empresa lo va a hacer (porque es rentable). Pero en ese sistema no debe haber ningún tipo de monopolio legal (como se hizo y hace en Argentina).

Pasemos ahora al tema de las externalidades. Habitualmente se dice que hay intercambios en el mercado que tienen efectos no previstos o no pactados sobre un tercero. Esos efectos pueden ser positivos o negativos. Un ejemplo típico sería el del fumador: el humo que expele afecta a alguien que no fuma. Eso sería una externalidad negativa.

Un ejemplo de una externalidad positiva sería que yo tuviera una heladería y al lado se instala un cine: hay una externalidad positiva sobre mi negocio, dada la instalación del cine. Habitualmente se dice que el mercado no puede ocuparse de estos casos. El estado debería intervenir para evitar o compensar los efectos de una externalidad negativa o para corregir la injusticia de la mayor ganancia en el caso de la positiva.

El tema no es sencillo. Para los austríacos, las externalidades negativas son efecto de la no definición adecuada de derechos de propiedad. Si yo en este momento deposito una gota de ácido sulfúrico sobre el café de alguno de ustedes, la situación es jurídicamente clara: el café es propiedad de ustedes y yo la estoy vulnerando con una acción claramente delictiva de mi parte. Claro que el estado tiene que intervenir, sencillamente porque hay un delito. No puede haber externalidades negativas sin penalización en la medida que los derechos de propiedad estén bien definidos.

Claro, para esto los costos jurídicos de transacción deben ser muy bajos. Esto es, el sistema judicial debe ser rápido y adecuado a sus funciones. Si sucede como en la Argentina, donde el reclamo por parte de cualquiera de ustedes por lo que hice en el café puede tardar 10 años en resolverse o más, bueno, los costos jurídicos de transacción son altísimos y en ese sentido la gente tiende a pedir reglamentos más que a confiar en el normal desenvolvimiento del sistema jurídico.

Pero lo que queda claro es que no es verdad que el mercado no pueda, in abstracto, ocuparse de las externalidades negativas (que tienen mucho que ver con la contaminación): el mercado, que implica un sistema jurídico de derechos de propiedad, resuelve las externalidades negativas sencillamente porque éstas son delitos contra la propiedad. El problema radica en que los derechos de propiedad no siempre están correctamente definidos, ya sea por una mala concepción del sistema jurídico, ya sea porque entran en juego elementos cuya propiedad (aire, agua, etc.) no es fácil de definir. El tema como vemos es difícil, pero debemos estar advertidos que los libros de texto lo simplifican cuando hablan de las fallas de mercado en este tema (igual que en el caso de los bienes públicos).

Pero sería también una simplificación del otro lado decir que la definición de derechos de propiedad en ciertos casos es fácil. No damos ahora una solución; simplemente queremos decir que estemos prevenidos de las simplificaciones en este tema. De igual modo con las externalidades positivas: ¿de dónde emerge la injusticia? ¿Por qué? ¿Por qué penar impositivamente esos casos? Los debates sobre lo justo o lo injusto allí son también muy complejos. Nosotros veremos algo de esto cuando veamos los efectos negativos que los impuestos a las ganancias tienen sobre la capitalización y, por ende, sobre las personas de más bajos ingresos.

Pregunta: Disiento en lo que tú dices, porque la economía, como dicen la mayor parte de los economistas del mundo, no es un problema económico exclusivamente, es también un problema jurídico. Lo que pasa es que acá hay una crisis tremenda con respecto a los derechos, y los derechos de propiedad prácticamente no existen, porque no hay limitaciones jurídicas. Entonces se desintegra todo.

R.: *La escuela austríaca siempre se distinguió de las demás por varias cosas, entre ellas, que el derecho y la economía forman parte de un mismo análisis. No existe una escuela austríaca que no tenga en cuenta los presupuestos jurídicos. Los primeros austríacos (Menger, etc.) se graduaban en derecho y en ciencias sociales. Afortunadamente no había carreras de economía como las concebimos hoy, separadas del derecho, la política y la filosofía. La concepción de entonces era más amplia, más humanística. La economía era una especialidad que se elegía luego de una formación humanística general, y no como hoy que ha pasado a ser una mera técnica y, por ende, una mala técnica. Es un detalle importantísimo decir "economía política". Si decimos sólo "economía", estamos traduciendo lo que en inglés es "economics", que es como si fuera "física", y la estamos desligando de los asuntos humanos. Los economistas austríacos no hablan de cálculo y matemáticas justamente porque están hablando de economía política.*

Debemos hablar del punto 5, esto es, de los precios máximos y mínimos. Si se coloca un precio máximo, legalmente obligatorio por debajo de lo que el mercado lo hubiera fijado, el resultado será el contrario al esperado.

Al precio legalmente menor (que no es en realidad un precio) la cantidad de demandantes aumenta y disminuye la cantidad de oferentes. En ese caso aparece en el mercado no la escasez, sino un "faltante". Por supuesto, viene aquí una típica pregunta. ¿Qué pasa si el producto en cuestión es caro pero a la vez muy necesario para la mayor parte de la población? Pues hay que aumentar la oferta de ese producto; de otro modo su precio no va a bajar. Pero aumentar la oferta no es algo mágico. La escasez nos rodea por todos lados. Para aumentar la oferta de bienes y servicios en necesaria mayor inversión, mayor competencia, mayor capital, y para eso el mercado debe ser lo más abierto posible, incluso desde el punto de vista exterior, tema que vamos a tocar la última lección. Es un punto importante destacar que la oferta debe aumentar, porque habitualmente la demanda no baja, sino que se incrementa. Aunque demanda y población no sean lo mismo, sin embargo hay que tener en cuenta que habitualmente la población aumenta (es más, es deseable que sea así: un país lleno de ancianos y sin población joven es socialmente enfermo).

Últimamente las Naciones Unidas (unidas para el estatismo, como dice Benegas Lynch (h)) dan todo tipo de recomendaciones para impedir el aumento de la población, lo cual es síntoma de muchas cosas; entre ellas, que de economía no saben nada. El punto es cómo aumentar la oferta, y hay muchas cosas inconducentes para ello: fijar precios máximos está entre esas medidas inconducentes. Produce faltantes, mercado negro, mayor corrupción, etc. Los precios máximos revelan que no se entiende el problema de la escasez. Si un precio es alto quiere decir que el bien en cuestión es muy escaso en relación a su demanda, y eso no se va a arreglar porque alguien obligue a comerciar con un precio legalmente más bajo. Los precios máximos no han pasado de moda: el que más se utiliza actualmente es el de la divisa extranjera, pero ese tema lo veremos después.

El precio mínimo es lo contrario: un precio fijado legalmente por encima de lo que el mercado lo hubiera establecido. Aumenta la cantidad de oferentes y disminuye la demanda. Esto habitualmente se hace para sectores de la producción protegidos por el estado, como la agricultura. Muy comprensible, pero el efecto es que hay más oferta que demanda: entonces se tiran cosechas enteras, y se oye hablar después del capitalismo que dilapida recursos en medio de un mundo hambriento, cuando esto con el capitalismo no tiene nada que ver. Los precios sostén son uno de los mejores ejemplos de los daños del intervencionismo gubernamental. Obviamente es comprensible la posición de un productor agropecuario ahorcado por sus costos, pero eso no se soluciona con un precio sostén, sino con una drástica rebaja de impuestos y una progresiva reapertura de la economía. Ese tema lo dejamos para después.

Bien, ahora dejamos para las preguntas todo aquello que yo me haya olvidado de decir o que no hubo tiempo para tratarlo.

Antes de eso, sólo les recuerdo que lo más importante de hoy es la noción del mercado como proceso, y no como mecanismo automático. El mercado es un proceso donde intervienen personas con conocimientos dispersos, que se encuentran, no en un lugar específico, sino en un proceso humano de valoraciones, con posibilidad de error y un sistema jurídico que garantice la libertad de entrada al sistema. Eso es lo fundamental.

P.: Hayek dice que el mercado es un orden sin un ordenador de carne y hueso. Por eso a menudo no advertimos su existencia, hasta que.

R.: Sí, y por eso una de las mejores explicaciones del proceso de mercado la tiene Hayek escrita en el tomo II de Derecho, Legislación y Libertad, en el cap. 9 (como está en el programa, que aquí tengo) como Mises la tiene el cap. 15 de La Acción Humana cuando comienza a describir el mercado como proceso.

P.: ¿Quién fija el precio en el mercado? Cuando pregunto cuánto vale algo, y lo pago.

R.: Bueno, en esto hay una diferencia entre nuestro lenguaje cotidiano y otro lenguaje más científico. En nuestro lenguaje cotidiano, vamos a cualquier negocio y preguntamos "¿cuánto vale?". Y alguien nos dice 10, 100, lo que fuere. Desde un punto de vista más científico, lo que allí sucede es que el oferente nos está diciendo (comunicado, dialogando) su valuación, lo que él considera lo que vale, que él considera "el precio". Pero hay una diferencia entre valor y precio. El precio es el encuentro dialogado entre oferta y demanda. El vendedor "dice" su valuación y yo "digo" la mía, ya regateando, ya decidiendo si lo voy a comprar o no. De este diálogo multiplicado ad infinitum surge el precio, esto es, el resultado del encuentro dialogado entre oferta y demanda. Sólo cuando yo digo "lo compro", o "está bien", o lo que fuere, surge el precio. El vendedor, en ese sentido, no "fija" el precio, sino que dice su valuación. Por ejemplo, supongamos que quiero vender mi reloj a alguien. Entonces me preguntan: "¿cuánto vale?", y yo digo 10.000.000 de dólares. ¿Es ese el "precio", por más que yo ponga un cartelito con esa cifra?. No, sencillamente es lo que yo considero que vale. Posiblemente alguien me lo quiera comprar a esa cifra, pero podemos en este caso suponer que nadie lo va a querer comprar a esa cifra. No surge aún el precio. Y con este ejemplo retomamos todo lo del principio.

P.: ¿Pero de qué tipo de precio??

R.: El precio puede darse en forma de trueque o, como estamos suponiendo, con intercambio monetario. En ambos casos hay un encuentro entre oferta y demanda.

P.: ¿Y los precios de las industria automotriz?

R.: Bueno, obviamente no estamos hablando de la Argentina, donde sus precios están intervenidos en forma indirecta. Me explico: la industria automotriz está sostenida por protecciones por parte del estado, lo cual implica que sus costos son mayores y, dado que no existe la posibilidad de que un auto importado entre al país con libre competencia, entonces el precio es mayor, pero no por un encuentro oferta-demanda, sino porque usted está pagando un precio que voluntariamente usted no pagaría si tuviera otra opción. Es un buen ejemplo del monopolio legal, como decíamos al principio.

P.: ¿Monopolio legal en el mercado?

R.: Bueno, un monopolio legal no sería un monopolio de mercado. ¿Puede haber en el mercado, como opinaba Mises, algún recurso que en determinado momento sea un monopolio natural? Bueno, la mayor parte de los economistas austríacos, especialmente del 60 para adelante, sostienen que en un mercado libre un caso así, sin protecciones legales, se enfrentaría con muchos factores de competencia potencial, por ejemplo, el mercado libre internacional. En ese caso es muy difícil que, sin ningún sistema de protección jurídica, un monopolio natural se mantenga en el mercado sin que aparezca algún caso de competencia natural. El tema es mucho más largo.

Y otro tema que ahora no podemos abordar, pero que llamo el "drama del intervencionismo", es que es relativamente fácil explicar las bondades del mercado libre internacional cuando se ve las ventajas de ellos para el caso de los monopolios, pero lo difícil es tomar conciencia de que en ese caso hay que eliminar, aunque sea progresivamente, décadas y décadas de industrias protegidas, con todo lo que ello significa no sólo en cuando a intereses creados sino en cuanto a las familias que han basado su estructura y su pasado, presente y futuro en torno a una industria protegida. Es sencillamente dramático.

En las políticas de transición hay que extirpar situaciones cancerosas desde un punto de vista económico y hay que tener en cuenta que hay seres humanos detrás de todo ello.

Lección II. Moneda y crédito

Temas y bibliografía:

1. **La moneda como mercancía. Los sustitutos monetarios.**
Bibliografía básica:
Rothbard, M.N.: *Moneda libre y controlada;* Centro de Estudios sobre la Libertad, Buenos Aires, 1979.

2. **Intervención del gobierno en la moneda: curso forzoso y expansión crediticia. La inflación.**
Bibliografía básica:
Cachanosky, J.C.: *Reflexiones sobre la inflación;* Fundación Bolsa de Comercio, Buenos Aires, 1980.

3. **Ahorro e inversión en el mercado libre. El aumento de la tasa de capital y sus variables culturales y políticas.**
Bibliografía básica:
Benegas Lynch, A (h): *Fundamentos de análisis económico,* op. cit., cap. VII, 2da. parte.
Hazlitt, H.: *La economía en una lección;* Unión Editorial, Madrid, 1973, cap. 5.
Hazlitt, H.: *Los errores de la nueva ciencia económica;* Aguilar, Madrid, 1961.

De igual modo que en la lección anterior, voy a hacer el esfuerzo de resumir en sólo tres puntos temas que habitualmente se dan en capítulos diferentes, a saber, moneda, por un lado, y ahorro e inversión, por el otro. Obviamente, están íntimamente relacionados; se los trata por separado por motivos didácticos. Al tratarlos sólo en tres puntos habrá incontables cuestiones que no podremos abordar, pero, como saben, el tiempo es uno de los recursos más escasos.

El primer punto dice "La moneda como mercancía". Si bien por las películas nos hemos acostumbrado a que la palabra "mercancía" suene mal, sin embargo, para la Escuela Austríaca significa otra cosa. Significa que la moneda es una mercancía más, un bien más que, a pesar de tener una característica especial, es un bien que en el mercado tiene un valor y precio que se determinan igual que los otros bienes, esto es, de acuerdo a su utilidad marginal. Esto fue asombroso en el momento en que el joven economista Mises, de treinta y pico de años, lo dijo allá por primera vez en 1912. Eso implicó una especie de "teoría unificada" de los bienes en el mercado, donde todos, los de consumo, producción y moneda, fueron tratados conforme a la misma ley del valor subjetivo. ¿Cuál es la diferencia entre trueque e intercambio indirecto, tema que ya suponíamos "tácito" la vez pasada? Bueno, esto se contesta con ejemplos muy sencillos.

El trueque implica intercambiar una mercancía por otra. Pero esto se hace muy difícil a medida que la división del trabajo se extiende. Piensen ustedes si yo quisiera pagarles cualquier servicio que ustedes ofrezcan con, digamos, 300 clases de filosofía. En fin, no creo que eso fuera globalmente aceptado como medio de cambio.

Es por este motivo que, por un proceso espontáneo, como aclaró por primera vez Menger en 1870, las personas van descubriendo una, dos o tres mercancías que en el mercado tienen una especial capacidad para servir como intercambio indirecto. ¿Cómo podemos caracterizar al intercambio indirecto? Según aclara Mises, es un bien que no se demanda para consumir o producir otros bienes, sino para ser intercambiado por otros bienes que sí se van a destinar a consumo final o producción. Por eso es un medio de cambio "general" e "indirecto".

Como vemos la palabra "moneda" en la Escuela Austríaca, no se refiere a lo que hoy llamamos papel moneda, ni tampoco a determinado metal en especial, sino a una mercancía espontáneamente demandada como medio de intercambio general. Claro, habitualmente se demandan para ello mercancías que sean metales con cierta durabilidad y otras características, pero no es necesario que entonces siempre sean oro, plata, etc. Los que saben historia de la economía saben que la palabra "salario" tiene que ver con bolsitas de sal que eran a veces utilizadas como moneda. Lo importante es que la demanda sea no forzada y, por ende, espontánea. Esto es, por su propia naturaleza, no hay para la moneda nadie que coactivamente ordene que tiene que ser tal o cual bien. Claro, me dirán ustedes, ¡pero si habitualmente es así! Sí, claro, y así de mal están las cosas, y esto es clave y distintivo en la Escuela Austríaca.

Lo que queremos decir es que no es que la Escuela Austríaca "diga" que la moneda debe ser libre, sino que "es" así, y cuando se intenta coaccionar el sistema, se originan todos los fenómenos que trataremos después: inflación, ciclos económicos, etc. Pero el mejor ejemplo, para visualizarlo, es el mercado internacional de monedas, donde aún, afortunadamente, no hay ningún estado que ordene qué moneda vale más. Entonces naturalmente surgen las divisas que más valor tienen, y si alguna deja de ser demandada, deja de tener valor y ninguno de ustedes está obligado comerciar con esa moneda. Este es el mejor ejemplo que en la realidad actual tenemos para ver qué significa la moneda como "libremente demandada por las personas".

Ahora bien, como dije antes, hay ejemplos históricos de bienes que han sido clásicamente demandados como moneda: el oro, la plata, etc. Esto nos lleva al tema de los sustitutos monetarios. Por un proceso de descubrimiento, como es el mercado, las personas en que trasladar consigo esos metales era complicado y peligroso. Consiguientemente se comenzaron a ofrecer, como servicios, casas que guardan el oro o lo que fuere y daban a cambio un recibo de depósito. Esos fueron los primeros billetes. Esto abre la exposición a un tema muy largo que no vamos a tratar dada la síntesis que estoy haciendo, que es el tema de la evolución de todo el sistema monetario a partir de este comienzo. Para la Escuela Austríaca no hubo un punto de evolución, sino de involución, que es el que estamos ahora: la confiscación estatal de todo patrón metálico y la imposición del papel moneda como "curso forzoso". Esto es, todo lo que vivimos hoy: un banco central estatal que regula la oferta monetaria y un estado que obliga coactivamente a comerciar con tal o cual papel moneda. Todos ustedes me dirán: ¿y qué tiene eso de raro? De raro, nada; de dañino, mucho. Esto es lo que la escuela Austríaca llama "intervencionismo monetario", cuyos efectos estudiaremos después.

Ahora bien: ¿cómo se determina el valor de la moneda en el mercado? Pues dado que la moneda es una mercancía, de acuerdo a la ley de utilidad marginal. Y eso implica una demanda y una oferta de dinero. Este tema es muy largo, pero lo importante es visualizar aquí que el valor de cada unidad monetaria, su utilidad marginal, será menor en términos relativos cuanto mayor sea su oferta. Cuando el sistema monetario es libre, la oferta de dinero no puede aumentar por sobre el límite de utilización que la demanda de dinero establece. Porque, en ese caso, el mercado, esto es, las personas, espontáneamente sustituyen esa moneda por otra, sencillamente porque esa moneda ha dejado de ser tal, esto es, ya no sirve como medio de intercambio general. Supongamos que en EEUU del siglo XVIII hubiera aumentado tanto la oferta de oro que su valor en el mercado hubiera sido muy poco en comparación con la plata. Bien, en ese caso, al valer tan poco cada onza de oro, éste habría sido sustituido por la plata. Es lo mismo que si yo dijera a alguien en este momento: "te pago con esta hojita de papel". En un sistema monetario libre eso no sería dinero falso. Sería sencillamente mi propuesta. Nada inmoral ni ilegal. Sencillamente habría que ver qué aceptación tiene mi propuesta.

Entonces, ¿qué es lo que garantiza que en un mercado libre la moneda no pueda bajar por debajo de su demanda? Que, dado que el sistema es libre, se sustituye a la moneda que baja de valor. La inflación es posible precisamente cuando se obliga a comerciar con tal o cual moneda. Pero eso lo veremos en el punto 2.

¿Alguna pregunta aclaratoria hasta ahora?

P. ¿Y la hiperinflación?

R.: Bueno, ya lo veremos, pero en esas situaciones la Escuela Austríaca habla de "huida hacia valores reales", lo que significa que, a pesar del curso forzoso, las personas defienden lo poco de propiedad que les queda desprendiéndose totalmente de la moneda "oficial". Tierras, cigarrillos, aparatos eléctricos, de todo, como sucedió en Alemania en 1923. Los no austriacos ven eso como una involución. Quieren volver a "ordenar", "oficializar" al sistema monetario. Y los austríacos dicen: no, ese supuesto orden es un desorden. Si lo quiere ordenar, déjelo en libertad. Deje que las personas decidan el patrón monetario para que no pueda haber más inflación ni hiperinflación.

Con lo cual ya hemos entrado en el punto dos.

La intervención del estado en la moneda es el sistema que mundialmente hoy se practica. El gobierno, de muchas maneras, puede confiscar la circulación de oro y plata y estatizar el sistema bancario, dejando sólo bancos privados que deben actuar bajo las órdenes de un banco central estatal. Esto es coherente con el estatismo en general, porque, si el estado interfiere globalmente en la economía, debe controlar la moneda. Es tan coherente como nefasto. Porque, aunque lo que voy a decir sea asombroso, controlar la oferta monetaria "es" inflación. Para la escuela austriaca la inflación no es simplemente aumento en el nivel de precios. Es una baja en el valor de cada unidad monetaria por razones exógenas al mercado. Hay que subrayar esta última parte: por razones exógenas. En un mercado libre, cualquier moneda puede perder valor, pero, como dijimos, es sustituida. Pero con la moneda obligatoria, de curso legal, el gobierno puede seguir aumentando la oferta monetaria dado que está legalmente prohibido cambiar de moneda. Y por eso el valor de la moneda baja, y baja, y baja. Y usted no tiene nada que hacer. Eso es la inflación. Usted se ve obligado a comerciar con papel moneda que vale cada vez menos y por eso cada vez son más la cantidad de billetes que tiene que dar por cada producto.

Para entender esto hay que entender la relación bienes/dinero. Vamos a suponer que la economía marcha bien y las inversiones aumentan y consiguientemente la oferta de bienes y servicios en el mercado también. Al aumentar la oferta de bienes y servicios, la oferta de dinero, la "cantidad" de dinero, en relación al aumento de bienes, es menor, y al ser menor la oferta de dinero, el valor del dinero aumenta y por ende los precios de los bienes y servicios tienden a bajar.

Pero vamos a suponer que el banco central norteamericano aumenta la oferta de dinero en forma proporcional al aumento de bienes y servicios. En ese caso, de acuerdo a lo que acabamos de decir, el nivel de precios, en general, tenderá e permanecer estable. Nadie se daría cuenta de lo que está pasando. Porque si no hubiera sido por ese aumento "estatal" de oferta monetaria, los precios, naturalmente, hubieran bajado. Entonces lo que hubo es inflación. Esto es, el nivel de precios se mantuvo estable, pero sin la intervención del estado hubiera bajado. Y eso es la inflación: el valor del dinero bajó por razones exógenas al mercado. Nadie se dio cuenta porque el aumento estatal de oferta monetaria fue más o menos proporcional al aumento de bienes y servicios. Vuelvo a reiterar que en un mercado libre, si aumentara la oferta monetaria de los dos o tres patrones metálicos que libremente se estén utilizando, la competencia entre ellos haría imposible la inflación. Si estamos en Italia comerciando con liras, y éstas bajan su valor en el mercado internacional de divisas, podemos comerciar con francos suizos, marcos alemanes, libras inglesas o dólares.

Pero eso es "otro planeta". Lamentablemente el caso habitual, y sobre todo en Latinoamérica, donde la oferta de bienes y servicios es tan limitada, es que el gobierno quiera solucionar ese problema con la inflación. Eso es olvidar el tema básico de la escasez. En Latinoamérica hay una indignante pobreza generalizada y se la quiere solucionar muchas veces mágicamente emitiendo billetes, como si éstos fueran maná del cielo. Muchos razonan así: si aumentamos la oferta de dinero, la gente va a consumir más y la economía se va a reactivar. Pero, aunque aún no lo hemos visto, para reactivar la economía hace falta ahorro.

Si no hay ahorro previo, por más dinero que se "inyecte" en el mercado, el efecto no va a ser que aumente la cantidad de bienes y servicios, sino que los precios de éstos van a comenzar a subir, porque la oferta de dinero ha aumentado y la demanda de bienes y servicios va aumentando progresivamente de unos sectores a otros. Sí, la gente tiene más capacidad de compra, pero eso lo único que produce son mayores precios, no mayores inversiones.

La escasez sigue sin entenderse. ¿Cuántas mesas hay acá? Una, dos tres. Como mucho. Vamos a suponer que todos ustedes (que son más) quieren mesas. Para eso, hay que ahorrar, invertir, y fabricar mesas. No es fácil. Pero lo fácil es que yo diga un discurso y prometa: cuando yo llegue al gobierno voy a aumentar todos sus sueldos un 100%. Y llego, y lo hago con emisión monetaria. Entonces todos ustedes "se lanzan" contentos a comprar las dos o tres mesas que hay acá. ¿Qué va a suceder? Muchas cosas. Lo primero es que el precio de las mesas va a subir en forma terrible. Puede suceder que el dueño de las mesas sea un santo y quiera regalar las mesas, pero sólo podrá regalar las tres que hay. O puede ser que el gobierno quiera confiscar las mesas y repartirlas entre los pobres. ¡Magnífico!, premio Nobel de la paz para ese gobierno. Simplemente va a poder repartir cientos de pedacitos de mesas. Entonces va a protestar contra el capitalismo salvaje y va a pedir prestado a los países capitalistas. Y el fondo monetario le prestará para que siga gastando plata. La deuda externa crece y las inversiones no aumentan. ¿Les hace acordar a algo? O al revés y más sofisticado: no les va a aumentar los sueldos pero sí los impuestos, con los cuales supuestamente se van a hacer más mesas. Pero claro, cuanto más altos son los impuestos, menos inversiones hay, menos se recauda y de vuelta hay que pedirle prestado al Fondo Monetario y endeudarse de vuelta. ¿Les hace acordar a algo?

Todas estas cuestiones nos muestran lo dramático que es no entender el drama de la escasez. Lo que "no" hay no se puede cubrir emitiendo dinero. No entender esto es una de las más importantes y dramáticas causas de la miseria de los pueblos subdesarrollados.

Sigamos con los efectos de la inflación. Un efecto es que distorsiona la estructura de precios relativos. Esto lo explica muy bien Mises y en nuestro medio Cachanosky lo ha sintetizado perfectamente. Alterar la estructura de precios relativos significa que los precios ya no son los mismos que hubieran sido sin inflación (por eso "relativos": en relación a los precios no distorsionados por la inflación). ¿Y cuál es el problema? Dos problemas, y muy graves.

En primer lugar, debemos tener en cuenta que los precios de mercado, no distorsionados por ningún factor exógeno, son los que permiten "apostar" la mejor combinación de factores de producción para obtener rentabilidad y por consiguiente un buen servicio al consumidor. Y, distorsionados los precios por la inflación, ello es ya más imperfecto de lo que aún es (con esto vemos un buen ejemplo de lo que vimos el martes pasado: las intervenciones del estado para mejorar al mercado sencillamente lo empeoran).

En segundo lugar, la demanda de bienes y servicios, estimulada artificialmente por la emisión de moneda, se va extendiendo gradualmente de los primeros que reciben la emisión hasta los últimos. Precios y salarios no suben por ende proporcionalmente: las personas de menores recursos y reciben un salario real menor con el cual van al mercado con precios ya inflados, y los pequeños ahorristas ven sus ahorros reducidos en su valor.

Bien, esos son los dos aspectos del primer efecto de la inflación: distorsión en los precios relativos. No es poco. Pero está aún el segundo y el que yo considero el más devastador. Dado que en una economía monetaria los ahorros se expresan (aunque no "son") en dinero, con la inflación las personas tienden a retirar sus ahorros del circuito bancario. (Ya en la Argentina en estos momentos se está ahorrando más en dólares que en pesos, lo que muestra que la paridad uno a uno es un engaño). Pero al disminuir el ahorro en el mercado de capitales, disminuye, como veremos después, la cantidad de inversiones. Lo cual significa una menor oferta de bienes y servicios, una menor demanda de trabajo, y una consiguiente baja en el salario real. Todo lo cual, a largo plazo, implica una sola y terrible palabra: subdesarrollo.

Por eso en los países latinoamericanos, ya subdesarrollados, la inflación ha tenido efectos devastadores, pues ha agravado aún más la situación. Y en países como la Argentina prácticamente ha sido una de las causas principales de su subdesarrollo a partir de la década del 40.

Vemos por ende que la pobreza y la miseria, de la cual siempre se acusa al "capitalismo", es producida –entre muchas cosas– por la invasión del gobierno en el mercado monetario, produciendo inflación y, con ello, una baja en la tasa de ahorro y consiguientemente en las inversiones que produce toda la pobreza consecuente. Hay menos demanda de trabajo, el salario real, y las oportunidades de progreso, de salud, de educación y seguridad social son menores para todos.

Y, nuevamente, toda esta abyecta pobreza, fruto de décadas y décadas de desórdenes monetarios (a lo cual hay que agregar la estatización general de los servicios, los impuestos a la renta, las regulaciones al mercado, la inseguridad jurídica y la inestabilidad política) es consecuencia, a su vez, de ignorar o querer evitar "mágicamente" el problema de la escasez. No se puede mitigar el problema de la escasez emitiendo moneda. Sólo se produce más escasez. Lo único que puede aliviar el siempre presente problema de la escasez es el ahorro, tema importantísimo que no vimos aún. Sin embargo, estamos haciendo quedar muy mal a los que piensan distinto, y no es así. No es que ellos piensan que la riqueza sale mágicamente de los billetes, sino que la mayoría de ellos están influenciados por una de las obras de economía más importantes de este siglo, la Teoría General del Dinero, la Moneda y el Crédito que escribe Lord Keynes en 1936. Allí sostiene este gran economista británico que el capitalismo tiene una insuficiencia crónica de ahorro que tiene que ser sustituida por una política de expansión crediticia y obras públicas por parte del estado, y, en la medida que la emisión haya frenado la recesión y la desocupación, en esa misma medida debe frenarse la expansión crediticia y si hubo un alza en los precios no es inflación.

Obviamente los economistas que están convencidos de esto van a recomendar a los gobernantes medidas de expansión crediticia. Hayek era amigo de Keynes y trató de convencerlo, en vano, de que sus teorías no tenían en cuanta a la teoría austríaca del ciclo económico, que ya veremos. Muchos austríacos le criticaron a Hayek no haber sido más severo para con su amigo, pero hay que tener en cuenta que Hayek estaba convencido de que el libro de Keynes no iba a tener ninguna llegada. Además, Keynes mismo le dijo a Hayek que él iba a frenar las exageraciones de sus discípulos si era necesario, pero unos meses después murió.

En mi opinión el punto clave en esta discusión Keynes-Hayek es la teoría austríaca del ciclo económico, esto es, cómo se originan los ciclos de auge y recesión en la economía. Para los austríacos el ciclo comienza justamente por lo que los keynesianos llaman políticas anticíclicas: la expansión crediticia por parte del estado. Ustedes dirán: ¿cómo puede ser que se piense radicalmente tan distinto? Bueno, todo es derivado de lo que vimos en la lección uno: los austríacos tienen un planteo radicalmente distinto del proceso de mercado que luego se traslada a las cuestiones monetarias y crediticias. Lo que razonablemente se considera un "pequeño" control por parte del estado a un mercado imperfecto, los austríacos lo ven como aquello que lo desordena más. Y en el mercado monetario y crediticio las cosas no son distintas.

Por eso ha llegado el momento de ver el punto tres, a saber, el ahorro, la inversión, la formación de capital y el ciclo económico. Vamos a utilizar un ejemplo que ya se ha hecho clásico. Vamos a imaginarnos a Robinson Crusoe en su isla. Es un buen ejemplo porque nos hace ver claramente aquello con lo que ya los tengo cansados, esto es, la escasez.

¿Qué puede hacer Robinson en tan precaria situación? Acaba de llegar y carece de casi todo. Vamos a suponer que quiere (lo cual no es moralmente obligatorio) mejorar su situación material. Su día tiene 24 horas. Puede dedicar 16 horas a recoger frutos de los árboles y las otras 8 horas al descanso. Bueno, podrá comer y dormir, pero aún así su situación es precaria en relación a sus fines. Quiere aumentar su nivel de vida.

Pero allí es claro que los bienes que él quiere no salen mágicamente de la naturaleza. Para aumentar su nivel de vida tiene que trabajar. Si dispusiera de una herramienta que le permitiera bajar frutas de los árboles más rápido, podría consumir lo mismo y, al mismo tiempo, ponerse a buscar madera para una casa. Pero para eso tiene que ahorrar. Esto es, debe abstenerse de consumir y/o descansar algo. Digamos que usa 10 horas de las que antes usaba para consumir frutas. Con ese tiempo puede fabricar la herramienta, pero consume menos. Esa abstención de consumo presente es el ahorro. Pero se hace con un motivo: poder consumir más en el futuro. Para ello utiliza ese ahorro para fabricar esa herramienta. Esa utilización del ahorro para fabricar bienes de capital se llamar inversión. Y ese ahorro y consiguiente inversión se hacen por un valor adicional en el futuro (el mayor consumo de frutas y una posible casa) que compensan la espera y el "sacrificio" del presente. Ese valor adicional en el futuro, por el cual ahorramos, se llama interés originario. Esto que acabamos de decir, aunque parezca sencillo, es clave. Allí vemos cómo se sale de la escasez. La mayor productividad no ha salido de la nada, sino de un acto de abstención de consumo que se invierte en la fabricación de un bien de capital que aumenta la productividad (producir más en menos tiempo) y eso se hace por un valor en el futuro, que es el interés originario. Eso es llamado, por los austríacos, ley de preferencia temporal. Cuando mayor sea el valor que le damos a los bienes en el presente, el valor adicional en el futuro, para "convencernos" de ahorrar, será mayor. En cambio, cuanto mayor sea nuestra preferencia por los bienes en el futuro, el valor adicional para "convencernos" de ahorrar será menor. El ahorro será mayor y el interés originario tenderá a ser más bajo. Esta es la clave del desarrollo, del aumento del nivel de vida.

Lamento haber sido tan sintético; me parece un insulto a los volúmenes y volúmenes que los austríacos han escrito para esto, pero mi función en este caso es didáctica: resumirlo para que se comprenda. La pobreza de nuestros semejantes tiene muchas causas, entre ellas, que no comprendemos que el ahorro es necesario y suponemos que un "gobernante bueno" va a solucionar la pobreza sin este proceso de ahorro.

Esta introducción del factor "tiempo" para explicar la producción de nuevos bienes de capital, que son la clave de la productividad, es típica de la escuela austríaca. Ustedes me dirán: ¿y los bancos? Bueno, para es que debemos trasladar el tema al marco social, con una economía monetaria como la que ya hemos explicado. En una economía como la actual, donde el ahorro se expresa (¡pero no es!) en moneda y en el circuito bancario, el ahorro significa que nos abstenemos de consumo presente, y una parte del dinero que hubiéramos gastado lo destinamos al ahorro (en cajas de ahorro, cuentas corrientes, etc.). Esa es la oferta de ahorro, o, también, "oferta de bienes futuros".

Hay también una demanda de esos bienes futuros, esto es, una demanda de ahorros, la inversión, que es la utilización de esos ahorros para fabricar nuevos bienes de capital (todas las "herramientas" que se utilizan en fábricas y elementos de empresas de servicios: si usted tiene una lavandería y pide un crédito para comprar nuevas máquinas está invirtiendo). Y esa oferta y demanda de bienes futuros, esa oferta y demanda de ahorro se encuentran a través de la tasa de interés de mercado, que se llama "bruta" porque incluye el factor riesgo (siempre presente, como vimos, en todo proceso de mercado) y el valor adquisitivo de la moneda (usted no ahorraría en pesos si los pesos no valieran nada o tuviera expectativas de devaluación, que es lo que ya está pasando).

Entonces hemos descubierto algo clave: para que aumenten las inversiones, y todo lo que ello implica (más demanda de trabajo, mayor salario real, más bienes y servicios) hay que aumentar el ahorro. Y el ahorro. ¡No es dinero! Se "expresa" en dinero, pero si el dinero que usted utiliza no vale nada usted sigue ahorrando pero en otras cosas. Para que el ahorro aumente debe haber muchas condiciones: estabilidad política y jurídica, y una que hemos visto ya, esto es, que no haya inflación.

¿Vemos ahora un poquito más las causas de la pobreza de tantas regiones del mundo? Guerras, inestabilidad política, y si a eso sumamos el estatismo y la inflación. ¿Cómo va aumentar el ahorro en el circuito bancario en esas condiciones? Pero el problema es que después se dice que la pobreza es causada por el "capitalismo". ¿Qué capitalismo? Yo no lo veo. ¿Quién es el ciego, yo o los que critican al capitalismo? Yo lo que veo es estatismo: empresas privadas protegidas por el estado, regulaciones, impuestos muy elevados, inflación, nacionalismos que como bien dice Mises terminan en terribles guerras. Bancos mundiales y fondos monetarios internacionales que prestan a gobiernos para que sigan con su estatismo. ¿Qué tiene que ver todo eso con el mercado libre? Estoy dispuesto a que se me refute, pero esto es más difícil de lo que parece. Si hay algún colega aquí, esto se trata de una radical diferencia de interpretación del mundo.

Estamos en condiciones también de ver ahora el origen de las crisis cíclicas, como la que en gran proporción sucedió en EE.UU en 1929, pero siguen sucediendo ahora. Lo que vamos a explicar ahora es la esencia de la teoría austríaca del ciclo económico. El gobierno, con la intención de que bajen las tasas de interés, emite moneda en el mercado de capitales, esto es, la oferta y demanda de ahorros que se expresa en el circuito bancario. Al principio ese dinero, que "simula" ser ahorro, hace que las tasas de interés tiendan a la baja. Los inversionistas, alentados por ello, toman nuevos créditos para encarar proyectos que, sin esa baja artificial del interés, no hubieran realizado. Pero este "engaño", esta "simulación de mayor ahorro" queda a la vista apenas cesa la emisión monetaria (expansión crediticia). Se ve entonces la real cantidad de ahorro, porque la tasa de interés sube y los nuevos proyectos que habían sido comenzados ya no pueden seguir. Es allí cuando se produce la quiebra de esos proyectos y la desocupación consecuente, la "recesión".

A pesar de que estamos sintetizando mucho, no quiero dejar de destacar que otra vez tenemos un dramático ejemplo de "cómo aumentar los errores en el mercado" por la intervención del gobierno. El empresario tiene difíciles decisiones que tomar. "¿Tomo este crédito o no?". Hay miles de variables que tiene que considerar; vimos en la lección uno que quien se equivoca menos es el que permanece en el mercado. Pero hay una variable fundamental: la tasa de interés. Si la falseamos, si engañamos al empresario haciéndole creer que la tasa de ahorro es mayor, se multiplican enormemente los errores en la evaluación de proyectos de inversión y esa es la fase potencial de la crisis.

Y, otra vez, la siempre permanente escasez. Si la tasa de ahorro es poca, las tasas de interés serán altas y las posibilidades de inversión, menores. ¿Qué hacer frente a ello? Magia, no. No se puede aumentar la tasa de ahorro emitiendo moneda. En una economía monetaria y bancaria el ahorro se expresa en dinero pero no es dinero.

El ahorro es abstención de consumo. Si queremos aumentar la tasa de ahorro, no queda más que aplicar las condiciones políticas y jurídicas de un mercado libre que aumenten las posibilidades de ahorro en el mercado. ¡No hay otro camino! Esto les muestra, además, por qué la economía no es una ciencia separada del resto de las consideraciones sociales. ¿Cómo lograr la estabilidad política, la paz, todo aquello que implique confianza a largo plazo y por ende mayores condiciones de ahorro? Ah, ahí se me acabaron las respuestas rápidas. ¡Pero al menos no con los dictadorzuelos latinoamericanos, ya electos o militares! Es necesaria una revisión total y completa de nuestras costumbres autoritarias y militaristas. No me quiero ir de tema, pero no es casualidad que Mises haya hecho de sus críticas al nacionalismo militarista uno de sus temas clásicos.

Pero no puedo concluir esta apretada síntesis sin comentar una obvia pregunta. Me van a decir que yo dije que cuando cesa la expansión crediticia, entonces. ¿Y si no cesa? ¿Y si el gobierno sigue emitiendo moneda? Bueno, aunque no se puede hacer ninguna predicción cuantitativa, lo que se puede decir es que ese proceso no puede durar para siempre. ¿Por qué? Por algo que en cierta medida ya explicamos. Si la expansión crediticia sigue, la inflación va aumentado. Cuanto más alta es la inflación, la demanda de dinero es cada vez más baja, esto es, la gente tiende a desprenderse de la moneda inflada cambiándola por cosas que tengan valor real (y de ese modo también se ahorra). Eso es lo que se llama "huida hacia los valores reales". En la Argentina ha pasado muchas veces: la gente compra antes de que al día siguiente esté más caro. Claro, esto dura hasta que al final se produce el colapso total del sistema bancario, por más que los gobiernos signan hablando de la crisis del capitalismo global. Y es ahí cuando las depresiones son más graves (como EEUU 1929, Alemania 1923, etc.). Es aquí cuando los economistas austríacos, sobre todo desde la obra de Mises en 1912, han dicho: jamás comenzar la expansión crediticia, y si se comienza, pararla inmediatamente. Sin dilaciones. Cesar la expansión crediticia es como parar de drogarse. El enfermo se siente mal, pero si sigue tomando la droga se morirá. Claro que va a haber quiebras de empresas y desocupación, pero eso fue causado por el intervencionismo. Además, como veremos la próxima lección, la desocupación será menor en la medida en que más rápidamente se restablezcan las condiciones de un mercado libre.

Además, se cumple una vez más con esto la "ley general del intervencionismo": toda intervención genera los efectos contrarios a los que se buscaba. Se buscaba bajar la tasa de interés y aumentar las inversiones, y lo que se logra es subirlas y hacer colapsar a todas las inversiones que habían comenzado. Los economistas austríacos parecen los malos de la película porque al proponer que cese la expansión crediticia, entonces comienza la fase de recesión. Con ello estamos simplemente destapando la olla y evitando que la recesión potencial futura sea peor. Frenar la expansión crediticia no es la causa de la crisis; la causa es la expansión; frenarla, es comenzar a curarla. Los chicos malos son los que parecían muy buenos aumentando la emisión monetaria en el circuito bancario y pretendiendo hacer como si la escasez no existiera. Como ya dije una vez, ¿quién cree algunos que es el estado? ¿Jesús en las bodas de Caná? ¡Y después algunos se burlan del cristianismo! Es mucho más racional creer en la multiplicación del vino por parte de Dios que en el estado multiplicando las inversiones de la nada.

Pero no, no y no: no se puede aumentar de la nada la cantidad de bienes y servicios. Fíjense, simplemente, la cantidad de bienes y servicios que hay en este salón. Fíjense en las sillas, las mesas, el edificio, los grabadores, la luz eléctrica.

Todo eso demanda grandes inversiones y bienes de capital. Estamos casi literalmente "sentados" sobre incontables actos cotidianos de ahorro. Lograr eso es muy difícil. Ya lo dijimos. Lo que es fácil es destruir eso de un día para otro. Todas esas complejísimas condiciones jurídicas, políticas y económicas se pueden destruir fácilmente con inflación, con impuestos confiscatorios, con inestabilidad política y con guerras que sólo alimentan las ansias de militares y pueblos formados culturalmente en supuestas glorias espartanas (mientras sólo hay burlas y desprecio para con los pacíficos fenicios que comerciaban pacíficamente). Lo más terrible es que son los más pobres, los más desamparados, quienes más sufren con estas políticas estatistas que conducen al subdesarrollo.

No es casualidad que estemos nombrando permanentemente al marco institucional (político y jurídico). La escuela Austríaca está formada en una concepción humanista, no es como otros paradigmas económicos donde la economía es una especie de física social. El economista austríaco no es una máquina de calcular, no es alguien formado en modelos matemáticos de oferta y demanda desencarnados de toda concepción política y social. Me dirán: pero eso es lo que se estudia en las universidades; les contesto, sí, así van las cosas. Pero creo que aquí debo parar y debemos pasar a la parte de las preguntas.

P.: El intervencionismo del cual usted habla, ¿significa una simulación en el mercado de capitales?

R.: Sí, totalmente. Es más: usted puede tener todas las industrias privatizadas y, si el estado tiene en sus manos el sistema bancario (esto es, un banco central que controla a los privados) entonces no estamos en un mercado libre. No es un detalle. En la escuela Austríaca la moneda es clave. Por eso hay tantas confusiones; por eso se habla comprensiblemente de un capitalismo en crisis, porque en algunos países no hay empresas del estado y hay crisis. Derivadas, claro, de todo este control monetario por parte del estado.

P.: No entendí bien lo del interés originario.

R.: Sí, lo tuve que decir rápido y es uno de los temas más centrales del proceso económico. Hay que aclarar bien lo de la preferencia temporal. ¿Cuál es el valor que le damos a algo en el presente? Esto es: ¿cuándo queremos consumirlo? ¿Ahora o después? Si quiero consumirlo ahora, entonces decimos que mi preferencia por el "bien presente" aumenta, y entonces para no consumirlo en el presente el valor que en el futuro tenga un bien va a tener que ser mayor. Si usted está sediento y quiere tomar ahora un vaso de agua, ¿qué valor adicional tiene que tener el vaso en el futuro para que usted no lo consuma ahora? Bien, a ese valor adicional por el bien en el futuro lo llamamos interés originario. Por eso cuando aumenta la preferencia temporal por el bien en el presente el interés originario es más alto, y si disminuye la preferencia por el bien en el presente el interés es más bajo.

¿Qué pasa, para poner otro ejemplo, si mañana es el fin del mundo? La preferencia por el bien en el presente sería total y el interés originario tendería a infinito. Ahora se entiende que cuando el estado emite moneda en el mercado de capitales y entonces el valor de la moneda baja y hay inflación, cuanta más inflación haya, ¿cómo lo voy a convencer a usted de que siga ahorrando en esa moneda inflada? No es que cambió su preferencia temporal, sino que usted va a preferir ahorrar en otra moneda o en otros bienes. Pero el caso es que la moneda de curso forzoso se usa en el circuito bancario precipitando la crisis. Ustedes saben que en este momento en la Argentina hay cuentas bimonetarias, en pesos y en dólares. Ya se estima que la cantidad ahorrada en dólares es mucho mayor. Aún hay estabilidad en los precios, pero las expectativas por la estabilidad en el futuro en cuanto a pesos son muy bajas. La demanda de pesos está bajando y el sistema no va a durar, por más millones que el estatista FMI le preste a De la Rúa para que su banco central siga vendiendo dólares y más dólares.

P.: ¿Pero cómo puede inflar la moneda un estado con estabilidad política y jurídica?

R.: Basta con un sistema legal que le permita al estado imponer el curso forzoso. En ese caso se impide la libre circulación de monedas y por ende el gobierno puede emitir moneda todo lo que quiera. No sin pésimas consecuencias, claro.

P.: Pero cómo inyecta el gobierno más dinero en el mercado.

R.: Hay muchos modos para eso; en el circuito bancario lo más habitual es bajando el encaje bancario. Fuera del circuito bancario, la emisión por déficit del presupuesto, directamente, es también muy habitual. Ahora en la Argentina no se hace, pero lo que se hace es endeudarse cada vez más.

P.: ¿Pero cómo se hace para aumentar la cantidad de divisas?

R.: No se preocupe por la cantidad de dinero circulante. Si se establece un mercado libre de dinero, la oferta y demanda de dinero se encargarán de su valor. Para imaginarnos esto a nivel nacional sencillamente observemos lo que pasa a nivel internacional. ¿Quién estableció que el dólar o los marcos alemanes son la mejor moneda?

Por decreto, nadie. Sencillamente la demanda del mercado. Si el gobierno norteamericano infla su moneda, los dólares en el mercado internacional perderían su valor y las personas comenzarían a comerciar con otra moneda.

P.: ¿Cómo es posible que gente preparada como los del FMI sigan apoyado a los tigres asiáticos o a dictaduras??

R.: Bueno, son universitarios, y eso a veces significa que están "aferrados a un paradigma". Los funcionarios del FMI han salido de universidades donde la economía se estudia según un modelo positivista, un modelo de oferta y demanda con total independencia de otros factores. Ese modo de ver las cosas les produce una distorsionada visión de la realidad. Por eso todo esto que estamos haciendo es muy importante pero hasta que no se llegue a las universidades, poco se logrará.

P.: ¿Y el modelo de Friedman?

R.: Bueno, lo que habitualmente se conoce como el modelo chicaguense en moneda es que el gobierno debe emitir moneda en forma proporcional al aumento de productividad global de la economía, para que de ese modo se mantenga estable el nivel general de precios. Pero ya hemos visto que, para los austríacos, eso significa inflación. Rothbard dice muy bien que en una economía en crecimiento los precios tienden normalmente a la baja, dado el aumento en la oferta de bienes y servicios (lo cual es un aumento en el salario real). Impedir esa baja por razones exógenas al mercado es inflación. Pero es discutido que Friedman siga diciendo eso.

Lección III. Trabajo y salarios

Temas y bibliografía:
1. La productividad marginal del trabajo y el salario real.
2. Límite mínimo y máximo en la fijación de los salarios.

Bibliografía básica:

Mises, L. von: *La Acción Humana*; Sopec, Madrid, 1968; 4ta parte, cap. XXI.

3. Los salarios mínimos.
4. Salarios mínimos, corporativismo sindical, inflación.
5. La desocupación.

Bibliografía básica:

Petro, S.: *Los sindicatos y la libertad*; Centro de Estudios sobre la Libertad; Buenos Aires.

Mises, L, von: "Salarios, desempleo e inflación"; en *Ideas sobre la Libertad*; Nro. 32.

Hazlitt, H.: *La economía en una lección*, op. cit, cap. 17.

Hay una aclaración que siempre hacemos: que este es un curso de escuela austríaca y no sobre la situación económica argentina, a pesar de que en muchos casos damos ejemplos de lo que está pasando en este momento.

Bueno, vamos a mantener esta aclaración muy especialmente el día de hoy, dado que vamos a decir algo sobre "trabajo y salarios", que es un tema muy candente hoy en la Argentina. No me voy a referir a la situación argentina en particular pero les aseguro que mucho de lo que voy a decir puede ser "muy" aplicable a nuestra situación concreta.

Bien, espero que tengan el programa en mano. Disculpen esta deformación profesional, siempre pido a mis alumnos que tengan in mano el programa. Verán que en el punto 1 hay un término difícil: *la productividad marginal*, que está relacionada con el salario real. Esto nos exigirá cierto nivel de abstracción pero veremos que estamos hablando de algo de todos los días.

¿A qué nos referimos con productividad marginal? Si volvemos a la lección uno, recordemos que el valor de un bien en el mercado (su precio) se determina conforme a su utilidad marginal. O sea que si aumenta el número de unidades valorizadas de determinado bien, el valor de cada bien tiende a descender; lo contrario sucede si el nro. de unidades desciende.

Ahora bien, si aplicamos esto a los "factores de producción" (trabajo, naturaleza, herramientas y maquinarias) entonces esta utilidad marginal la llamamos "productividad" marginal. Es el valor de los factores de producción. Y, consiguientemente, cuando aumenta el número de unidades valorizadas de un factor de producción, su valor tiende a descender. Si el número es menor en relación con una demanda que aumenta, su valor, y su consiguiente precio en el mercado, va a tender a ser mayor.

Hasta ahora lo dicho parece muy "en el aire". Pero veamos un ejemplo concreto. ¿Cuánto vale una hectárea de tierra en Japón, suponiendo que la tierra sea valorizada? ¿O en Israel? ¿Más o menos que en la Argentina? Más, desde luego. ¿Por qué? Porque al ser la tierra un factor de producción demandado, al ser más escaso en Japón su valor es mayor que en la Argentina. En el tema del capital se mezclan dos cosas: la tasa de interés, que es el valor adicional para ahorrar, siendo ese ahorro condición necesaria para la fabricación de bienes de capital, y el valor de los bienes de capital (todo tipo de herramientas que aumenten la productividad), que obviamente se determina por su productividad marginal. Los bienes de capital producen más en menos tiempo. Si usted quiere cortar el césped de su casa con una pequeña tijera su productividad será menor que si lo hace con una gran cortadora eléctrica.

Ahora pasemos al trabajo. El trabajo no se vende o se compra; más bien se "alquila", porque uno es siempre dueño de su trabajo. Ahora bien, se intercambia en el mercado, y en ese sentido (decimos en ese sentido) hay una oferta y demanda de trabajo. El "precio" del trabajo es el salario. Y ese salario va a estar en relación a su productividad marginal.

De igual modo que en la lección dos hablamos de la relación "bienes/dinero", ahora debemos comparar la relación "trabajo/capital". El capital, como dijimos, son herramientas que aumentan la productividad del trabajo. Y esos factores de producción "producidos" (esas herramientas) implican, para su producción, los otros dos factores, esto es, naturaleza (recursos naturales) + trabajo. (Acuérdense que si Robinson quería una herramienta que aumentar su productividad al recoger frutas, debía "hacerla", con su trabajo y los recursos naturales de los que disponía). Hace falta toda la creatividad del ser humano para "transformar" la naturaleza y, por medio del ahorro, producir esos bienes de capital sin los cuales (¡y no nos damos cuenta!) nuestra vida no sería mejor que en la época de las cavernas.

Ahora bien: si el capital es naturaleza + trabajo, podemos deducir que, a medida que aumenta el factor capital, el trabajo, en relación al capital, se hace más escaso. Más demandado. Y, por consiguiente, aumenta su valor en el mercado, esto es, su productividad marginal. Y si aumenta su valor, lo que aumenta es el salario (ya real, esto es, lo que podemos adquirir con determinado salario, ya nominal, esto es, la cifra que representa el salario). O sea que a medida que aumenta la tasa de capital, el salario real es mayor. Al contrario, si la tasa de capital baja, el salario real será menor, porque el trabajo, en relación al capital y las inversiones, será mayor. O sea, en ese caso hay más oferta de trabajo y el salario tiende a bajar.

Todo esto es fundamental. Se relaciona con todo lo que vimos la lección anterior sobre el desarrollo y las inversiones. Esto nos explica por qué en los países desarrollados el salario real es mayor y en los subdesarrollados, dramáticamente menor. La demanda de trabajo y su productividad marginal es mayor en los países "desarrollados". En los países subdesarrollados el salario es menor no por lo que explica el marxismo que aún es ideología dominante, a saber, que el salario en esos países es menor y la pobreza es mayor porque el capitalismo salvaje explota a los obreros. Al contrario, no es capitalismo, sino falta de capital, lo que produce esos salarios dramáticamente bajos.

Pero, además, observemos algo interesante. La cantidad de trabajo, en relación al capital, casi siempre va a tender a aumentar. Si bien en los países desarrollados la tasa de natalidad es menor (y no es que eso esté bien) no se puede, para aumentar el salario, eliminar a las personas (aunque a veces se hace indirectamente, con barreras a la inmigración). Si estamos viendo que cuando el trabajo se hace más escaso, el salario aumenta, sería inmoral concluir que para aumentar el salario debemos eliminar a la mitad de la población.

La población, en general, aumenta. Es más, de no mediar otros factores culturales y sociológicos, en general cuando el nivel de vida es mayor, aumenta. Por eso a los economistas Austríacos nunca les preocuparon las políticas antinatalistas tan en boga hoy en día. Lo que les preocupó, como bien Mises señaló, es cómo aumentar la tasa de capital a un ritmo mayor que el de la población, lo cual es lo único que puede aumentar el salario real. Para lo cual es necesario todo eso de lo que hablábamos la vez pasada: ahorro, inversión, muy bajos impuestos, mercado libre, estabilidad jurídica y política. Condiciones tan difíciles de lograr y tan fáciles de destruir. Por eso los asesores de las Naciones Unidas, al recomendar políticas antinatalistas, están muy mal asesorados económicamente. Libérense todas las fronteras, haya libre circulación de capital y trabajo, mercado libre y ese capitalismo que tanto odian, y no se tendrían que preocupar jamás por la tasa de población.

Perdón que me fui de tema. Comprendo que aún no visualizamos bien cómo funciona todo esto. Para eso pasemos al punto dos: los límites máximos y mínimos de fijación de salarios en el mercado. Cuando decimos límites máximos o mínimos, no nos referimos a ningún control gubernamental, sino a la operatoria normal del mercado. Mercado que a su vez no es ninguna cosa en el aire sino un grupo de personas comprando y vendiendo bienes de consumo y de producción.

Vamos a suponer justamente aquello que queremos cambiar, a saber, una región subdesarrollada, con una tasa de capital muy baja, una enorme oferta de trabajo y un salario real muy bajo. Supongamos que comienzan a aumentar las inversiones. Vamos a traducirlo a términos más concretos. Si en el día uno había dos empresas, vamos a suponer que en el día 200 hay 50 empresas más (emprendimientos, justamente) y en el día 400 hay 100 empresas más.

¿Qué significa esto? Que la demanda de trabajo va a ir aumentando. Si alguien era poco demandado en su trabajo, puede ser que en el día 400 tenga 4 o 5 empresas que demanden su trabajo, que estén "compitiendo" por la fuerza laboral de esa persona. Entonces el salario que le van a tener que pagar será mayor.

Para dar un ejemplo más concreto, el servicio doméstico en los EE.UU es muy caro porque usted tiene que pagar mucho a una empleada para "sacarla" de otros trabajos mejores y más remunerados, dado que las inversiones y las oportunidades de trabajo son allí mayores. Sigamos con el ejemplo. Vamos a suponer que pasan los años, se cumplen las condiciones de desarrollo que hemos especificado, el salario real ha ido aumentando y supongamos que el salario real para tal o cual actividad oscila entre 500 y 1500 dólares. ¿Por qué? Supongamos que es el salario mensual de una secretaria. Si usted es muy bueno y quiere pagar más, y anuncia que va a pagar 10.000 por mes, al día siguiente tiene, digamos, 10 cuadras de cola de gente ofreciéndose para su empresa. No las va a poder tomar a todas. Imposible. Le conviene poner una fundación aparte. Excelente esto último.

Pero supongamos que usted es muy malo y anuncia que no va a pagar más de 10 por mes. Bien, en ese caso se queda sin secretarias. Y si usted quiere contratarlas va a tener que elevar el salario.

Y esto último es clave: ese "límite mínimo" al cual usted tiene que contratar, o si no se queda sin empleados, es más alto a medida que más inversiones (y empresas, por ende) hay. Ahora vemos por qué decíamos que cuanto mayor es el capital existente, mayor será el salario. No depende de la buena voluntad de los empresarios. Esto es clave. Vaya usted a EEUU, Canadá, Alemania, ponga una empresa y sea usted un pérfido "capitalista explotador". Diga que va a pagar 1 dólar por mes a cada operario. No podrá. Pero no porque el estado o los sindicatos se lo impidan, sino sencillamente porque se queda sin empleados. Y eso es así porque en esos países la tasa de capital es mayor, y es mayor no porque el estado o los sindicatos así lo han decretado, sino porque se dieron las condiciones de mercado libre necesarias (aunque no suficientes) para que eso sucediera.

Por supuesto, entre el límite mínimo y el máximo de mercado de fijación de salarios hay un gran espacio para su buena voluntad, y lo moralmente deseable es que usted trate de pagar el máximo dentro de ese límite. Pero vamos a suponer un caso difícil. Usted pone una empresa en una nación subdesarrollada y, a pesar de toda su buena voluntad, no puede ofrecer más de una mínima cifra de salario porque de lo contrario "toda la ciudad" se ofrece para trabajar en su empresa, en cuyo caso usted no puede absorber esa fuerza laboral. ¿Es "justo" pagar eso? Sí, creo que sí,

desde el punto de vista de lo que podemos llamar "justo prudencial". Tema delicado, que ya he tratado con más detalle otras veces. Volveremos a esto, si quieren, en la parte de las preguntas.
Vemos de vuelta que la escasez es "tiránica". La única forma
de minimizarla es aumentando los bienes de capital, lo cual es lo
único, a su vez, que puede aumentar la demanda de trabajo y el
salario real. Toda la horrible pobreza que ven en el planeta es
porque las condiciones políticas, jurídicas y culturales son tan
desastrosas que impiden la acumulación de capital. Pero el tema
es que esto está en nuestras manos. Las guerras y los totalitaris-
mos y autoritarismos no son catástrofes naturales. No, son producto del hombre. Está en nuestras manos cambiar eso. Para eso
estamos dando este curso.

¿Alguna pregunta aclaratoria?
P.: No entendí bien a qué tipo de "productividad" se refiere usted.
R: Cuando los austríacos se refieren a productividad marginal se
refieren al tema de la utilidad marginal en los factores de producción.
Pero usted debe estar pensando en una noción más estrictamente ma-
temática. No me voy a introducir en ese debate ahora, pero quiero
simplemente decirle que la noción que estoy utilizando depende de
números ordinales, no cardinales. Los fines y medios no son uno, dos
tres, sino primero, segundo tercero, etc. Cuando yo estaba poniendo
números en el pizarrón, me estaba refiriendo a eso, y, además, tra-
taba de expresar los costos de los factores de producción, dado que
los costos de los factores de producción tienen en el mercado su precio
monetario.
La escasez de factores de producción naturales (recursos natura-
les) no es de por sí un problema. El problema es la falta de ahorro y
factores de capital que permitan aumentar la productividad. Alguien
puede trabajar "desesperadamente" todo el día, contar con inmensos
recursos naturales, pero si su productividad es poca, su situación se-
guirá siendo desastrosa. No descarto que haya factores culturales que
impliquen mayor laboriosidad en ciertas culturas, pero lo que estoy
diciendo es que por más gente emprendedora y virtuosa que sean en

un país, si ese país sufre de inflación y falta de ahorro, no progresará de ningún modo.

Bien, podemos pasar ahora al punto 3. Un salario mínimo es un precio mínimo aplicado al factor trabajo. Y si todo precio mínimo produce sobrante, esto es, en exceso de oferta sobre demanda, como hemos visto, un precio mínimo aplicado al trabajo (por encima de su productividad marginal) producirá un exceso de oferta de trabajo sobre su demanda. Hay una parte de oferta laboral que no puede ubicarse en el mercado de trabajo. Esa es la dramática desocupación.

Obviamente, aquí viene una pregunta clásica. Si aumentamos los salarios por decreto se produce desocupación (después profundizaremos este tema). Entonces, ¿cómo aumentar el salario? Bueno, en cierto sentido ya lo hemos visto. Para aumentar el salario, hay que aumentar la cantidad de ahorro, lo cual aumenta el capital disponible, las consiguientes inversiones y por ende la demanda de trabajo aumenta. Y esa mayor demanda de trabajo aumentará el salario real. Otra vez, la escasez. Supongamos que el salario de todos nosotros depende de una torta que tenemos acá. Si el Almte. ordenara: ¡aumente la torta para todo el mundo! (¡perdón, Almte, es un chiste!), pero no hubo ahorro, ni inversión, y la torta es la misma, entonces el único modo de cumplir la orden es dar a cada uno un pedacito más pequeño. Pero entonces alguien, o muchos más, dirían "¡abajo ese capitalismo explotador!". Yo intentaría decir que eso no es capitalismo pero nadie me escucharía (eso es exactamente lo que me está pasando.). El caso es que se exigiría que haya por decreto más torta para cada uno. Pero, claro, eso es imposible sin ahorro, excepto para Dios (el problema es que hay un montón de gente que se cree Dios). Entonces aumento la porción "para cada uno". Comen mucho más uno, dos tres, cuatro. Pero de repente no hay más. ¡Obvio! Y un montón de gente se quedó sin nada de torta. Bien, eso es la desocupación, dramático resultado de haber querido una vez más evitar mágicamente las consecuencias de la escasez.

Todo esto comenzará a aclararse más en el punto 4 (salarios mínimos, corporativismo sindical, inflación).

Hay varios modos de fijar un salario mínimo. Puede ser fijado directamente por el estado para el sector estatal y ser financiado con emisión monetaria. Eso se hizo muchas veces en la Argentina. O, si no se quiere recurrir a la inflación, con mayor presión impositiva o con mayor endeudamiento externo. Las tres cosas son un golpe moral al ahorro que es necesario para aumentar la demanda de trabajo.

En el sector privado hay dos modos fundamentales de obligar a los salarios mínimos coercitivos. Un decreto estatal o una acción de corporativismo sindical por la cual se hace una huelga sectorial o general para obligar al empleador a subir el salario nominal. La mentalidad marxista aún dominante (el muro mental aún no cayó) piensa que eso es una acción justificada para evitar la explotación de los obreros por parte del sector empresarial. Quien se oponga a eso es poco menos que un monstruo.

Cuando el marxismo forma parte de las creencias dominantes, la situación es culturalmente terrible. Yo me opongo a esa creencia dominante y no tengo problema en quedar como lo que fuere con tal de denunciar ese error todo lo que sea necesario.

Ahora bien, merced a la huelga, el salario nominal aumenta y se produce la desocupación consiguiente. Pero algunos empresarios piden créditos para absorber ese costo más elevado. Y esos créditos son otorgados por el sector financiero por medio de un método ya visto en la lección dos: la expansión crediticia. El gobierno emite moneda en el mercado de capitales, baja la tasa de interés, y los costos de los salarios se pueden absorber. Pero, claro, ¿cuál es el resultado de eso? Ya lo vimos: inflación y recesión. En ese caso el salario mínimo, como bien explicó Mises, no produce directamente inflación, sino desocupación, y la inflación es el resultado de la expansión crediticia a la cual se recurre para financiar el nuevo costo laboral.

En el caso de un decreto estatal obligado al sector privado a subir salarios, el resultado es el mismo. En cualquiera de los dos casos (presión sindical o decreto estatal) el resultado es el mismo: inflación. Otra vez, el precio por querer hacer que la "torta" crezca mágicamente sin ahorro. Lo terrible es que la inflación produce exactamente el efecto contrario al que se buscaba. Se buscaba elevar el salario y en cambio se lo baja aún más. En nuestro país eso es lo que pasaba cuando la gente se quejaba de que los precios subían más rápido que los salarios. Ahora, cuando las políticas monetarias son más restrictivas, la desocupación es más visible. Los que ahora creen que tienen la autoridad moral e intelectual como para criticar la desocupación actual, son los mismos dirigentes que antes "tapaban" la desocupación con empresas del estado deficitarias, obras públicas (las que este gobierno ahora financia con el FMI) e inflación.

Esta desocupación de la que estamos hablando (la producida por salarios mínimos) es llamada desocupación institucional. Hay otros dos fenómenos que pueden confundirse con esta desocupación: la llamada desocupación "friccional" y la "tecnológica" (con lo cual ya estamos en el punto 5).

Para explicar el tema de la desocupación friccional vamos a dar un ejemplo.

Vamos a suponer que en un mercado libre (cuyas condiciones, repito, NO se cumplen en la Argentina) todos dejan de consumir chocolates. No va a ocurrir, claro. Pero simplemente supongamos que ocurre. En ese caso se producirá una reubicación global de los factores de producción y del sector empresarial. Tanto el ahorro, como los bienes de capital, como los recursos naturales, como el trabajo, se "trasladarán" de la producción de chocolates a otro sector, y eso sencillamente porque la producción de chocolates ya no será rentable. No digo que esto sea fácil desde un punto de vista psicológico. Si todos dejaran de demandar clases de filosofía, yo no la pasaría nada bien. Pero hagamos una pregunta política y moral. En ese caso, ¿tengo yo derecho a que la gente financie mis clases coactivamente?

Pero claro, no es el caso. El caso es que los obreros que trabajaban en las empresas de chocolate pierden su trabajo. Sí, pero por cada peso gastado en los chocolates, ahora se gasta en otra cosa. Si cada chocolate valía $ 1, ahora cada persona gastará ese peso en otra cosa y/o en ahorro. Consiguientemente otras cosas serán rentables, y la demanda de trabajo crecerá en otros sectores. Eso, por ende, no es desocupación, sino una traslación del factor laboral. Pero cuidado que no estoy diciendo que esa traslación sea fácil.

Otro caso similar es la desocupación "tecnológica". Se parece a la friccional en que también implica un traslado del factor trabajo, producido esta vez por la introducción de máquinas y tecnología que hacen innecesaria determinada fuerza laboral en determinado sector. Otra vez, ya que el tiempo que estamos utilizando es muy poco, no tenemos la intención de simplificar el problema y negar sus aspectos sociales y psicológicos. Simplemente decimos que es falso, desde el punto de vista del análisis económico, igualar este fenómeno a la desocupación institucional. Al contrario, es al revés. Las máquinas, como todos los bienes de capital, demandan trabajo para su construcción. A su vez, las máquinas y las nuevas tecnologías son demandadas precisamente porque aumentan la productividad.

Al aumentar la productividad y mejorar las posibilidades futuras de inversión de la empresa, es posible reducir costos, y aumentar así el margen entre costos y precios. Esas mayores ganancias redundan en mayores inversiones y, consiguientemente, en mayor demanda de trabajo. Todo esto no es más que el proceso de desarrollo anteriormente descripto. Alguien podría decirme: ¿y qué garantiza que los empresarios ampliarán sus inversiones con sus nuevas ganancias? Pues no es algo necesario, obviamente, pero ya vimos en la lección 1 que en un mercado libre, interior y exterior, el empresario que comete menos errores es que el permanece en el mercado.

Esa imagen de grandes empresas invirtiendo por pocos años y luego yéndose del país es lo que ocurre en países subdesarrollados como en Latinoamérica, donde invierten con sistemas protegidos, sin competencia, y luego, ante el menor síntoma de inestabilidad jurídica, política y monetaria, tan frecuente en Latinoamérica, se van. Eso, que se asocia con el "capitalismo" nada tiene que ver con una economía de mercado desregulada que durante décadas haya producido no sólo una alta tasa de desarrollo sino también factores culturales adecuados a la disciplina empresarial. Los economistas austríacos no fueron los autores de esas obras de mala ciencia ficción que afirmaban que el desarrollo de Latinoamérica debía lograrse con industrias protegidas por el estado para defenderse del "imperialismo yanqui". Fueron otros, esos mismos que ahora firman acuerdos con el FMI.

El problema de la desocupación se concentra, para los economistas austríacos, en la desocupación institucional, producida por los salarios mínimos y costos laborales altísimos que nada tienen que ver con la seguridad personal que todo ser humano debe tener en su puesto de trabajo. Esto nadie lo dice hoy en día, pero los salarios mínimos producen desocupación. Producen que una parte gane más a expensas de la parte que queda desocupada. ¿Qué justicia hay allí?

Los economistas austríacos quedan como los malos de la película cuando dicen todas estas cosas. Parecen gentes desalmadas que desean que los salarios sean bajos, que no se haga nada para subirlos. Sería gente con "insensibilidad social". Es precisamente al revés. Los salarios mínimos producen miseria y hambre de muchos a expensas de la ganancia de otros. Un mínimo de sensibilidad social conduce al menos a su denuncia. En una economía de mercado donde el capital se va expandiendo con movilidad, el salario real va aumentando de manera promedio. Los sectores medios se extienden cada vez más.

Pero allí donde el corporativismo sindical actúa (que no es lo mismo que la asociación sindical) se produce una especie de espejismo. Vamos a suponer que en Phyladelphia el corporativismo sindical ha logrado un salario mínimo y la desocupación aumenta. Entonces los obreros van a tener una tendencia a emigrar a aquellos lugares donde puedan encontrar trabajo. Supongamos que en New Jersey la acción sindical es menor y por ende consiguen trabajo, pero a un salario menor. Muchos dirán: ¿ven al pérfido capitalismo? Dado que los sindicatos son más fuertes en Phyladelphia que en New Jersey, los salarios son más altos en Phyladelphia.

Como vemos, es al revés. Los obreros de Phyladelphia comen a expensas de los de New Jersey. Ese es el punto. El único modo de aumentar el salario real de todos es que aumente la tasa de capital a nivel global.

Es duro decir estas cosas, es duro denunciar prácticas habitualmente miradas como bondadosas como lo que realmente son: presiones sectoriales, privilegios concedidos por el sistema legal, atentados contra el bien común, violencia, violación de derechos de terceros, y, fundamentalmente, ignorancia, slogans repetidos sin el más mínimo espíritu crítico.

Pero bueno, como dije tantas veces, por eso estamos haciendo este curso.

P.: Pero un salario que no cubre las necesidades mínimas de los trabajadores, ¿es justo?

R.: No he hablado de ese tema expresamente (como de tantos otros) porque implicaría todo otro curso. Eso no quiere decir que yo tenga la respuesta "justa"; solamente quiere decir que no he desatendido el tema porque no sea relevante; al contrario, es tan importante que no hay que tocarlo por encima.

En cierto modo ya he dicho cómo lograr un salario justo. Cómo aumentar el ahorro y la tasa de capital. He hablado también de lo justo prudencial en ciertos casos. Sé que lo que voy a decir ahora va a parecer muy insuficiente en relación a lo que usted me preguntó, pero simplemente quiero agregar que el salario mínimo no es igual al salario justo. Ya vimos por qué: porque el salario mínimo produce desocupación. Ahora bien, esto no implica que toda situación donde haya salarios libres sea la misma justicia. En una región subdesarrollada, donde el salario real es tan bajo que, como usted dice, ciertas necesidades básicas quedan desatendidas, no podemos hablar de justicia. Porque el subdesarrollo es injusto. No es una catástrofe natural.

Lección III. Trabajo y salarios

¿Pero por qué se produce? No precisamente por la economía de mercado. Todas las políticas estatistas, intervencionistas y otrora totalmente socialistas producen esa terrible miseria generalizada que ocupa hoy gran parte del planeta. Todas esas políticas llamadas habitualmente "de izquierda", el impuesto progresivo a la renta, los aranceles, las regulaciones del gobierno al mercado (pasando por reglamentaciones municipales kilométricas para instalar su pequeña empresa terminando por códigos de minería o cosas por estilo); el control gubernamental de la salud y la seguridad social, la expansión crediticia, etc., son las causas de ese salario que no alcanza. Pero todo ello nos lleva directamente al análisis de las medidas "restrictivas" de la producción, tema de la lección 4.

Lección IV. Las restricciones a la producción

Temas y bibliografía:
1. **El intervencionismo fiscal. El impuesto progresivo a la renta.**
Bibliografía básica:
Benegas Lynch, A (h): Op. cit., IX, punto 47.
2. **La protección arancelaria.**
Bibliografía básica:
Curtiss, W. M.: *La protección arancelaria*; Centro de Estudios sobre la Libertad; Buenos Aires, 1963.
Hazzlit, H.: op. cit., cap. 10.
3. **El libre comercio internacional y la libre inmigración y emigración.**
Bibliografía básica:
Mises, L. von: *Liberalismo*; Unión Editorial, Madrid, 1962, cap. IV.

Se preguntarán ustedes por qué he titulado esta lección "Las restricciones a la producción". Bien, en realidad estoy haciendo honor a la terminología de Mises, en su tratado de economía, cuando habla de gran parte de las medidas intervencionistas. Porque lo que ellas, logran, en conjunto, es eso: restringir la producción, bajar la tasa de ahorro, de inversiones, de demanda de trabajo, de salario real.

Hay un "circuito", análogamente hablando, que ya hemos aprendido. Hay una "cadena" proporcional entre más ahorro, más inversiones, más demanda de trabajo y mayor salario real y por ende mayores (no iguales) oportunidades para todo el mundo. Todas las políticas intervencionistas atentan de un modo u otro contra la primera parte de esta cadena. Y por eso no se puede ser un buen economista –como decía Hayek– siendo "sólo economista". Hay condiciones jurídicas, políticas y culturales que favorecen al ahorro y otras que lo desfavorecen. La economía, por todo lo que expusimos en la lección 1, simplemente dice: dejen al mercado ser tal. Esto es, libre.

De las políticas intervencionistas que más restringen la producción, las más típicas son el impuesto progresivo a la renta y los aranceles. Comencemos por el tema de los impuestos progresivos. No vamos a comenzar (aunque sea un tema importante) con el tema del estado y su justificación, que es un tema que habitualmente rodea al tema de los impuestos. No tenemos tiempo de introducirnos en las profundidades de la filosofía política, simplemente diré que la existencia de "estados-naciones" como los concebimos hoy en día es algo que damos por sentado y deberíamos preguntarnos más seguido su por qué.

Pero no sigamos o de lo contrario nos vamos de tema. Todos los impuestos tienen sus dificultades. Ninguno es totalmente "neutro", esto es, ninguno deja de afectar de algún modo al proceso de mercado. Sin embargo, entre los economistas austríacos ha habido un consenso en oponerse al impuesto progresivo a la renta, quedando nuevamente como los "malos de la película".

¿Por qué esta oposición a lo que parece más justo, esto es, que más paguen los que más ganan, y progresivamente? Nuevamente, es el tema de la escasez. Para minimizar los efectos de la escasez hay que aumentar el ahorro, y para ello hay que "liberar recursos". Eso tiene que ver con la noción de ahorro potencial.

El razonamiento es el siguiente. Con lo que cada uno "tiene", hay dos posibilidades: gastarlo o no. Eso implica consumo, en el primer caso, o ahorro, en el segundo. Bueno, no ahorro necesariamente en el segundo caso: usted puede donar sus bienes, o quemar sus billetes (nadie lo haría, ¿no?) o ponerlos en su casa, lo cual en la Argentina aún se sigue haciendo, y es una forma especial de ahorro. Pero se presupone que en una economía moderna y con circuito bancario organizado, gran parte de lo que no se consume se destina al ahorro en el mercado de capitales.

Por lo tanto, si nosotros gravamos impositivamente a alguien en el momento de consumir (impuesto al consumo) no digo que sea eso excelente, pero al menos podemos estar seguros de que no son recursos que se podrían haber destinado al ahorro. Pero si gravamos directamente las ganancias y todo tipo de "activos" que tiene una persona, ya empleador, ya empleado, estamos gravando recursos que "potencialmente" podrían haberse destinado al ahorro. Si usted tiene 10 en su bolsillo, y yo lo saco impositivamente antes de que usted lo consuma, estoy sacando tal vez 5, tal vez 8, tal vez 2 que podrían haber sido destinados al circuito bancario de ahorro. Por lo tanto, los impuestos a las ganancias implican una menor cantidad de ahorro potencial. Y ya vimos lo que eso significa: menor tasa de capital, y, ya sabemos, menor salario real para todos. Más escasez de la que ya hay. Si el impuesto es progresivo, peor. Si cuando más uno gana más le sacan, tal vez ciertas inversiones que se podrían haber realizado no se hacen. Por lo tanto los impuestos a la renta, ya progresivos o no, implican sencillamente un menor nivel de vida para toda la población. Se saca a "los ricos" para solucionar la pobreza, y lo que se logra es incrementarla. Otra vez, el paradójico resultado de toda política intervencionista.

Dado que los austríacos razonan habitualmente con lo que "no se ve" (Hazlitt) esto es. ¡Difícil de ver! Es fácil ver las obras públicas, es fácil ver a un gobernante dando un gran discurso, con una aureola de santidad sobre su cabeza, como si fuera Gandhi, anunciando todo lo que va a repartir, fruto de sus impuestos. Lo difícil es ver "lo que no hay", como consecuencia de esas políticas: todo el ahorro y las inversiones que no se realizaron porque el estado sacó y gastó (a pesar de que su propaganda dice "invertir") en otras cosas; es difícil ver todos los recursos en salud, alimentación, vivienda, etc., que quedaron desatendidos porque el gobierno sacó y gastó.

Con la infundada creencia socialista de que los particulares no pueden ocuparse de todo ello, o con la infundada creencia marxista, en el sentido estricto del término, aún hoy en día, de que con esos impuestos "mitigamos" los efectos de la explotación capitalista. Por eso viene bien resaltar aquí que la economía de mercado es un sistema que funciona con personas normales, personas, como decía Santo Tomás, "la mayor parte de las cuales no son perfectas en la virtud". Para que aumente el ahorro y los salarios reales de todos no es necesario contar con héroes, con grandes gobernantes ni con sacrificados e incorruptos contribuyentes.

¿De dónde salen, en una economía de mercado, los recursos que alimentan al mercado de capitales que implican un aumento de ahorro y por ende una mayor tasa de capitalización? Pues de millones y millones de actos cotidianos de ahorro de pequeños ahorristas, como todos ustedes, que tienen (tenemos) sus dineritos en el banco y sostienen con ello las pocas inversiones genuinas que nuestra economía intervenida tiene. Pero les aseguro que lo que podemos ahorrar está limitado por muchas cosas, entre ellas, lo que el estado ya nos ha sacado con todo tipo de impuestos, y entre ellos el de ganancias.

P.: Si dos empresas ganan lo mismo, ¿es justo que paguen lo mismo?

79

R.: En estas cosas creo que hay que guiarse por un sano criterio de utilidad social. Lo que es justo o no en las políticas impositivas es, creo yo, sencillamente lo que aumente o no el ahorro existente, pues de eso depende el nivel de vida de nuestros semejantes. Así que yo no me preocuparía de cuánto tiene que pagar cada empresa. Sencillamente creo que debe eliminarse todo tipo de impuesto a las ganancias. Sencillamente todos. No estoy exagerando. Ya hablé muchas veces de los dramáticos efectos de la escasez. La miseria y la pobreza. No tenemos que escatimar esfuerzos en la lucha contra todo lo que la cause.

P.: ¿Pero hay algún país que sobreviva que haya eliminado el impuesto a las ganancias?

R.: Bueno, yo diría que sobrevivieron a su no eliminación. Sobre todo, aquellos cuyas condiciones jurídicas y políticas fueron tan estables que promovieron una tendencia al ahorro mucho mayor que la presión impositiva, que jugaba en contra. Por eso pueden ustedes imaginarse los efectos terribles de estos impuestos en las naciones subdesarrolladas. Y si a eso agregamos la inflación. Las revoluciones. Las guerras.

Bien, cambiemos de tema. Vamos al tema de los aranceles. Les aseguro que si el punto anterior los asombró, este les va a asombrar mucho más. En esta carrera contra el tiempo que estoy librando, he decidido organizar el tema de este modo.

Primero, vamos a razonar un poquito "in abstracto". ¿Cuáles son los efectos de colocar o sacar un arancel? Un arancel es una especie de impuesto a los productos importados. Esto está muy bien explicado en "La economía en una lección" de Hazlitt. Vamos a suponer que este reloj importado sale $ 10. Es un ejemplo, nada más, para razonar sobre el tema. Tenemos un reloj cuyo precio en el mercado internacional es de $ 10. Ahora vamos a suponer que se lo grava en $ 5, con lo cual sale, en el país, $15. Todo esto con los argumentos habituales: para proteger o estimular la industria nacional de relojes, para que haya más ocupación, más producción local, etc.

Tenemos entonces que cada vez que alguien compra un reloj en el país, está dando al gobierno $ 5. Ahora multipliquen eso por millones y millones de veces que se compra un reloj. Van a obtener una cifra muy abultada. Son recursos que han sido sacados del circuito de ahorro e inversión, y del consumo de otros bienes, para ser enviados al estado. Ya vimos los perjuicios de sacar recursos del circuito de ahorro e inversión. No los quiero cansar con eso. Porque tenemos ahora algo nuevo. Dije que a esos recursos se los sacaba también "del consumo de otros bienes". ¿Y qué hay con eso? Pues que, como vimos en la lección 1, en un mercado libre, sin privilegios ni protecciones legales, sólo se mantienen en el mercado quienes menos errores cometan. Se producirá entonces una tendencia a concentrar la producción en áreas donde naturalmente la productividad es mayor. Si alguno de ustedes es empresario y trabaja sin protecciones es obvio que sería un grueso error poner una heladería en la Antártida. Pero, claro, los errores no son siempre tan gruesos, y para eso está el sistema de precios, para avisarnos de algo que anda mal, cuando nuestros costos van subiendo e incurrimos en pérdidas.

Por ende, un mercado libre, donde también haya mercado libre internacional, concentrará la producción en aquellas áreas naturalmente más productivas y aquellos productos que sean naturalmente más costosos tenderán a ser importados.

Otra vez, la escasez. Los costos altos tienden a ser mitigados del mercado importando más barato aquello que sería caro en cierta región, y exportado aquello que naturalmente salga más barato. Pero si el arancel desvía la producción a sectores protegidos, los costos aumentan y la productividad global disminuye. La división del trabajo es una de las grandes armas contra la escasez. Los aranceles atentan directamente contra ella. Los costos internos aumentan y por eso la capacidad de ahorro interno disminuye.

Pero, me podrán decir, ¿acaso los otros economistas ignoran todo esto? No. Los más inteligentes partidarios del proteccionismo (no me refiero a empresarios y sindicalistas que piden aranceles simplemente por intereses sectoriales) tienen detrás de los aranceles una teoría más amplia, que estuvo muy de moda en los años 70 aunque no ha perdido su vigencia (ahora se la presenta con un vocabulario distinto). Muchos piensan que los países subdesarrollados nunca van a salir adelante porque tienen una estructura de producción dependiente de los países desarrollados. Son agroexportadores o monoexportadores de materias primas, que venden al exterior a bajo precio, mientras importan, muy caro, productos manufacturados. Para salir de esa situación deben tener una política arancelaria fuerte y desarrollar así su industria nacional para entonces sí, estar en condiciones de competir con el extranjero. Esto sigue estando detrás de las guerras tarifarias entre los bloques, tema que retomaremos hacia el final.

Vamos a relacionar esto con la lección dos. Esta teoría de la dependencia estructural tiene un error que se ve claramente a la luz de la teoría austríaca de la formación de capital, que en última instancia es la teoría austríaca del desarrollo. ¿Cómo se constituye el ahorro y todo lo que le sigue (inversiones, etc.) en determinada región, llámese país, nación, o lo que fuere? Ya lo hemos visto: hay que abstenerse de consumir ciertos recursos en el presente para destinarlos al ahorro, esto es, al consumo futuro, lo cual implica que esos recursos ahorrados sirven para la producción de bienes de capital. Si una región está tan subdesarrollada que el ahorro interno sería casi nulo o muy lento, se recurre al capital prestado. Esto es, si las fronteras son libres las inversiones extranjeras podrán entrar libremente. Debe haber estabilidad política y jurídica, incluyendo esto último que las condiciones sean iguales para todos (esto es, el estado no debe proteger a ninguna industria, ni nacional ni extranjera). Con esta apertura de las fronteras al capital extranjero, más la libertad migratoria, la lucha contra la pobreza comienza a vencerse. Otra vez, les pido no que me den la razón inmediatamente, sino que hagan el esfuerzo de ver las cosas al revés de lo que habitualmente se supone. La causa del subdesarrollo es que no se han dado las condiciones de estabilidad política y jurídicas necesarias para un mercado libre. La causa del subdesarrollo es el intervencionismo o el directo socialismo, ya desde el inicio o por el medio de la historia de un país (como la Argentina). La causa del subdesarrollo es por ende también la protección arancelaria con la cual supuestamente se quiere desarrollar un país. El efecto del subdesarrollo puede ser, perfectamente, países exportadores de materias primas baratas. Eso es efecto de políticas intervencionistas que han frenado la acumulación de capital.

Por lo tanto, aquello que se recomienda para solucionar esa situación (aranceles y otros controles) es precisamente lo que la provoca o lo que la aumenta y prolonga. Por otra parte, este tipo de intervencionismo es compatible ya con industrias privadas protegidas, ya con industrias nacionalizadas. En la Argentina se hicieron las dos cosas. El efecto fue la pobreza y la miseria, y aumentar la que ya estaba. Y el acusado fue un mercado libre que nunca se aplicó.

En mi opinión la teoría de la dependencia estructural es una fuerte y nueva versión de la clásica teoría marxista de la explotación. Marx decía que la acumulación de capital sólo se producía merced a la explotación (trabajo hecho y no remunerado) del sector obrero y que por ende en las naciones "capitalistas" iba a haber ricos cada vez más ricos y pobres cada vez más pobres. Pero en los países desarrollados del hemisferio norte los sectores medios se expandieron, lo cual parecía contradecir la teoría de Marx. Pero entonces se dio una perfecta contrarréplica. La teoría marxista seguía vigente, trasladada a nivel internacional. Hay "países ricos" porque explotan a los países pobres del sur. Lo que gana un obrero de un país rico del hemisferio norte, lo pierde un obrero del hemisferio sur.

Como vemos el aparato conceptual marxista nunca logró captar el proceso de acumulación de capital. Siempre concibieron una torta estable. Algunos socialistas siempre hablaban de repartir la torta. Marx era más sagaz. Vio que la torta crecía, pero también concibió ese crecimiento "a expensas" de otros: los explotados. Los neomarxistas latinoamericanos nunca pudieron ver, entonces, la causa del subdesarrollo de estas regiones. La riqueza de los países ricos aparecía como la causa de su pobreza. Siempre que alguien gana algo, hay otro que pierde. Pero no es así.

Todo lo visto hasta ahora nos muestra que es al revés: en la medida que aumenta la tasa de capital, la demanda de trabajo aumenta, los precios bajan y el salario real de todos aumenta. Para entender esto hay que hacer un verdadero esfuerzo de cambiar la perspectiva mental y tomar conciencia del marxismo cultural en el que nos encontramos. El marxismo de ningún modo ha caído de nuestras mentes. Cuando nuestros dirigentes sindicales hablan de "planes de lucha" para defenderse de la explotación de un supuesto capitalismo, y cuando todo tipo de intelectuales justifican la violencia por ellos aplicada, ¿de qué estamos hablando? ¿De Martín Luther King?

Ahora bien, hemos visto el origen de gran parte de los sectores industriales protegidos. Me parece adecuado llamar a eso "el drama" de la protección. ¿Por qué? Porque estamos parados sobre este sistema canceroso. Habitualmente en Latinoamérica, pero también en muchos otros países, hay sectores productivos asentados sobre décadas y décadas de protección arancelaria. Familias enteras dependen y han dependido siempre, tanto económica como culturalmente, de esos sectores. Para ellos es sencillamente un drama la eliminación de la protección. Obvio que debe hacerse, tal vez gradualmente. Pero los problemas políticos, culturales, psicológicos y morales de esta "curación" son enormes. Son los problemas de una política de transición. Con esto no quiero decir que debe evitarse el problema, porque de lo contrario se agudiza. La no transición agudiza los problemas, no los soluciona (alguien puede seguirse endeudando y mientras sigue la fiesta nadie se da cuenta, hasta que llega el contador, el abogado, la policía.). Pero independientemente de las políticas concretas de transición que apliquemos, hay una pregunta clave: ¿quiénes produjeron el drama? No los economistas austríacos, precisamente, que siempre se opusieron a todo tipo de políticas intervensionistas. De todos modos, ahora que ciertos países están intentando aplicar economías de mercado, los economistas austríacos tienen una buena oportunidad para trabajar en temas de transición, tema que hasta ahora no ha sido su especialidad. ¿Hay hasta aquí alguna pregunta aclaratoria?

P.: Hablando de protección. En este momento es vox populi que la industria argentina ha sido destruida porque se abrió la entrada a cualquier producto de cualquier lugar del mundo, de modo que se destruye la industria argentina, con la consecuente desocupación. ¿Cuál es la solución?

R.: Independientemente del caso argentino, quiero aclarar que, en cuando a la interpretación de lo que en general es un arancel, su reducción o eliminación no implica una "destrucción", sino más bien una "transformación", un reacomodamiento de los factores productivos. Si usted tiene $ 10 en su bolsillo, destinados a la industria X protegida, y sin el arancel usted dispone de $ 8 pesos más, porque el precio del producto no es entonces 10 sino 2, entonces sucede lo contrario a la imposición de un arancel. Esos 8 pueden ser destinados al consumo de otros bienes y servicios, o al ahorro. En ambos casos aumenta la demanda de bienes y servicios en el presente o se los destina para la fabricación de nuevos bienes de capital. En cualquier caso la eliminación del arancel dejó recursos liberados para otros sectores, y lo importante es que esos sectores no estén protegidos para que el proceso no se repita. No hay destrucción, sino una especie de creación de nuevos sectores productivos, con la "curación" consiguiente de la deseconomización de recursos que se producía en la etapa anterior. Su pregunta me lleva a hablar de la tan mentada globalización, pero eso lo dejamos mejor para el final.

P.: Pero en ese proceso de transformación nos podemos morir en el intento.

R.: Nos estamos muriendo ahora. Bueno, me explico. Hay que cambiar la interpretación de lo que significa una política de transición. Yo no he negado sus dificultades, las he afirmado expresamente, pero por algo dije que mientras dura la fiesta nadie se da cuenta. Esto es, no es cuestión de decir *"estamos bien ahora y en la transición vamos a estar mal"*. No, estamos mal ahora. En la transición lo que va a estar bien es el bien común, pero no los intereses sectoriales. Pero hay que tomar conciencia de lo que significa el costo social de la no-transición. Usted habló de morir en el intento. Pues bien: ¿cuántos niños se mueren de hambre en la Argentina, diariamente, o padecen terribles desnutriciones a causa de las políticas que en este curso hemos venido denunciando? Le aseguro que no son pocos. Las condiciones infrahumanas de vida ya existen en nuestro país y, vuelvo a decir, el eje central del debate es qué las causa. Y yo respondo: no las políticas de transición a una economía de mercado. Por otra parte, ¿de qué economía de mercado me hablan en la Argentina? ¿De unas cuantas empresas privatizadas con privilegios y monopolios? Está bien que en la realidad todo es una cuestión de grado. No quiero ser pesimista. Pero por favor no confundan a Menem o a De la Rúa con Mises. Esa confusión, por favor, no.

P.: ¿Pero no hubo proteccionismo en EEUU, sobre todo en el noreste, y aún lo hay?

R.: Sí, sencillamente hubieran estado mejor sin todo eso. Yo no les estoy *"tirando hechos por la cabeza"*, sino que estoy tratando de cambiar la interpretación de ciertos fenómenos sociales. Así que el desarrollo industrial de EEUU no es un argumento ni a favor ni en contra de lo que yo digo. Todo depende de cómo se lo interprete.,

P.: ¿Qué opina de la economía informal de la que habla Hernando de Soto?

R.: Bueno, es uno de los miles de temas de los que no pude hablar. Pero es muy interesante. Cuantas más reglamentaciones hay, cuanto más intervencionismo hay, hay un sinfín de cosas que usted tiene derecho natural a hacer pero que quedan sin embargo *"fuera de la ley"*. Pero fuera de una ley injusta, contraria al derecho natural.

En Perú, donde Hernando de Soto hizo ese estudio, toda la industria del transporte era informal, porque era imposible asumir los costos que el estado imponía con sus reglamentaciones. Y muchas personas lograron evitar el hambre ofreciendo servicios sin el control de estado. Él también estudió que si usted quería poner una pequeña o mediana empresa, el número de reglas exigidas por el estado cuando se imprimían en hojas de computación era de 600 metros. Sí, aunque no lo puedan creer. Y después los grandes intelectuales se preguntan por la causa de pobreza en Latinoamérica, y siguen acusando al capitalismo global. Santo Dios.

P. ¿Y qué me asegura que mi ahorro se convierta en inversión?

R.: Nada ni nadie se lo puede asegurar necesariamente, claro, por eso hemos hablado hasta el cansancio de condiciones políticas y jurídicas estables para un mercado libre. Que creen las mejores condiciones que "favorezcan" ese proceso. Justamente, el proceso de ahorro y acumulación de capital es tan difícil. Las masas, como diría Ortega, dan por sentado que un día se levantan y ahí está un supermercado, y trabajo, y salarios para comprar todo eso. Creen que es fácil. Por eso el otro día hablaba yo de la visión de conjunto.

No debe suponerse que la economía es algo aislado de otros fenómenos sociales. Hayek, dado que era un excelente economista, habló, en su libro "Los fundamentos de la libertad" de las razones por las cuales la democracia es conveniente, y una de ellas era cierta tendencia al aprendizaje cívico que se produce con la estabilidad política. En cada elección los electores pueden aprender de sus errores pasados. Eso, mantenido durante décadas, ayuda notablemente a la paz y estabilidad que son la mejor garantía humana para el desarrollo. Por eso Mises y Hayek, en su filosofía política, eran tan poco proclives a las revoluciones violentas. Bueno, esta es una cuestión de filosofía política un tanto larga, pero la doy como ejemplo de tratamiento conjunto de los temas.

Pero hablando de temas, nos fuimos un poco de tema y nos queda el último punto. Este último punto, sobre el libre comercio internacional y la libre inmigración y emigración, va a ser como una especie de "cierre", que "abra" alguna humana esperanza a este mundo difícil.

Un mercado libre internacional como el que proponen los austríacos es una situación posible, plausible, que implica un libre movimiento de capitales y de personas. Eso no significa tener plata para comprar pasajes.

No, significa algo mucho más concreto. Significa que no hay trabas jurídicas para emigrar o inmigrar. Lo cual significa, a su vez, que los austríacos están en contra de cosas a las cuales nos hemos acostumbrado y que casi no cuestionamos. Un mercado libre es incompatible con aduanas, pasaportes, visas y todo tipo de regulaciones e impedimentos para entrar y salir de un país. Para entender esto hay que tener en cuenta una filosofía social de fondo, muy bien explicada por Mises en su libro "Liberalismo". En esa filosofía social cada persona más no significa más escasez, más problemas, sino mayor riqueza. Estamos tan acostumbrados a filosofías intervencionistas, para las cuales la torta siempre debe ser repartida frente a una población en aumento, que no concebimos una situación donde cada persona, trabajando libremente y ofreciendo sus servicios en el mercado, implique un mayor aumento en la productividad global y, por ende, una torta que crece, y no para pocos, como habitualmente se cree, sino para cada vez más gente, por el referido aumento en el salario global como fruto de las mayores inversiones. Pero hoy no se piensa así, y por eso se recomiendan políticas de fronteras cerradas, políticas restrictivas frente a la inmigración, donde personas humanas, que no tienen más ni menos que la dignidad que Dios les dio, son sometidas a todo tipo de vejámenes por querer entrar simplemente a trabajar libremente. Y en eso los campeones son los actuales EEUU, donde sus dirigentes políticos y sus empresarios y sindicalistas creen que la inmigración significa una menor torta para repartir, cuando hemos visto que, si liberaran el mercado, cada persona se pondría a trabajar en aquello para lo cual tiene natural productividad, y si comete muchos errores, sea del país o no, no podrá quedar en el mercado por las pérdidas en las que incurre. Pero no sólo en EEUU: no hay lugar, prácticamente, donde no se esté convencido que "uno más" significa "menos para mí". Si se piensa así, hay que ser realmente héroe para proclamar la solidaridad para con el pobre y al mismo tiempo "dejarlo entrar". De lo contrario se vive en la habitual hipocresía: grandes discursos solidarios, al mismo tiempo que se mantienen las fronteras cada vez más cerradas: más visas, visas de trabajo, persecución de "inmigrantes indocumentados", etc. Un mercado libre implica la posibilidad de hacer realmente algo por todos los pobres y refugiados del mundo al mismo tiempo que se aumenta la productividad global: abrir las fronteras, eliminar las aduanas, visados, pasaportes y todo tipo de controles para con la libre movilidad de las personas.

Por eso, como bien explicó Mises, nacionalismo, estatismo y militarismo van de la mano. Claro, esto no cubre todos los aspectos del corazón humano, donde las razones para la intolerancia y los prejuicios negativos son más amplias y complejas. Pero lo que estoy proponiendo es al menos posible a nivel de sistema político y económico.

De acuerdo con lo que estoy diciendo, quiero enfatizar que, a pesar de los declamados intentos de abrir el mercado a nivel internacional, estamos muy lejos de ellos tal como la describe Mises en su ya citada obra de 1927. Las llamada actualmente "globalización" es una política de bloques cerrados que luchan entre sí: Mercosur vs. Nafta, Nafta vs. Unión Europea, etc. En el fondo también todos esos gobernantes, que conciben y firman esos acuerdos, también conciben al mundo como una torta fija cuya repartición hay que disputarse.

En un mercado libre, el libre comercio no depende de acuerdos políticos, de nada que funcionarios estatales firmen o decidan. En un mercado libre los gobiernos no comercian entre sí, y no puede haber deuda pública porque los gobiernos sólo obtienen sus recursos de los impuestos indirectos al consumo. Si verdaderamente se abren las fronteras, yo hago una llamada telefónica a un amigo de EE.UU, arreglamos nuestro negocio por teléfono, o por e-mail, y él me vende a mí lo que acordemos, sin regulaciones ni aranceles. En una política de mercado libre, si un ciudadano paraguayo quiere venir a vivir a la Argentina, simplemente viene y se instala, como si yo quisiera instalarme a vivir en Mendoza. Sin visas ni humillantes persecuciones por "indocumentado". En un mercado libre no hay "indocumentados". No hay necesidad de documentos por los cuales el gobierno nos controle. Sólo hay personas que no atentan contra el código penal y los que sí, y sólo estos últimos son acusados y sometidos a juicio justo. Y no hay necesidad de otros códigos.

No quiero ser pesimista, no quiero decir que estamos igual, a nivel internacional, que hace 60 años, pero hay que ser claro y no identificar actuales políticas de globalización con la sencillez de la política de mercado libre estudiada y propuesta por los austríacos. El gobierno no debe decirle a usted qué importar, qué no, a qué arancel, etc. Meir Zylberberg, que estuvo aquí la semana pasada, me hizo acordar de un artículo de él escrito en 1963, cuando yo tenía 3 años. En el que describe la situación de la Argentina en ese momento.

Voy a leer una parte: "Control de cambios, Dirección de impuesto a los réditos, Banco Central, Corporación del Transporte Metropolitano; injerencia en el tránsito de carreteras interprovinciales, control de precios, Junta Reguladora de la Producción Agropecuaria, barreras migratorias, Marina y Aviación Comercial del Estado, nacionalización de los depósitos bancarios, ferrocarriles, teléfonos, puertos, usinas eléctricas, agremiación y previsión social compulsiva, tales son los hitos que van generando el camino hacia la actual frustración y decadencia".

Bueno, dejo a cada uno de ustedes ver si hemos cambiado mucho o poco.

P.: Hablando de las negociaciones entre bloques. Supongo que lo que se pretende es tratar de equilibrar de algún modo desigualdades, debilidades. No es fácil para México comerciar con EEUU. A un mejicano le va a resultar más fácil conseguir un buen salario en EEUU, que al revés. Yo supongo que la negociación viene del compromiso que el gobierno tiene con sus respectivos pueblos de ofrecerles, de algún modo, mejores condiciones de negociación.

R.: Bueno, vamos a tratar de acercar posiciones. Por supuesto que los ciudadanos de EEUU y México van a estar mejor ahora con el Nafta que 40 años atrás. Pero para lograr esa integración hay una vía más rápida desde el punto de vista conceptual, pero más lenta en cuanto a su implementación sencillamente porque es más difícil de aceptar. La vía rápida, conceptualmente, es quitar controles y abrir las fronteras. Pero esto es a su vez lento por los intereses sectoriales. Es lo que dije antes sobre el drama de la protección. No va a ser fácil esa liberalización de la que hablo para personas que han basado su existencia en un sector protegido por el estado. Tal vez como política gradual lo que usted dice tiene su importancia. De todos modos insisto: no quiero ser pesimista, no quiero decir que la situación sea un total desastre; simplemente quiero insistir en que no hay crisis del capitalismo global, como dice Soros: hay crisis del intervencionismo global. No hay horror económico, como dice una pensadora francesa; el horror es el intervencionismo económico, a parte del horror del corazón humano, cuya solución no está en nuestras manos.

P.: Con respecto al tema de los monopolios, ¿cuál es la posición de la escuela Austríaca?

R.: Bueno, un poco ya lo dijimos en la primera lección, cuando hablamos de la libertad jurídica de entrada. Pero hay que agregar que en este tema los austríacos han tenido diversas fases. Por influencia de Mises se hablaba de un precio de monopolio, cuando, en un mercado libre, un productor era capaz de reducir su producción sin que caiga su demanda, elevando el precio. Mises insistía en que esa situación era muy rara y difícil de mantener. Su discípulo Rothbard afirmó que en un mercado libre todos los precios son de mercado, que el precio de monopolio sólo es posible con un mercado protegido.

O sea que con libertad jurídica de entrada al mercado, sin ningún tipo de protecciones ni siquiera contra el mercado libre internacional, es imposible que una demanda sea "absolutamente inelástica" con respecto a un bien (o sea, que aumente el precio y la demanda no se derive a productos sustitutos). De este modo los austríacos se enfrentaron desde siempre contra otra teoría marxista clásica, la de la concentración monopolística. Marx afirmaba que en el capitalismo los factores de producción tienen una tendencia a la concentración en pocas manos. Claro, alguien puede decir que eso está sucediendo. Pero el caso es saber por qué. Los austríacos afirman que a medida que va creciendo el radio de acción de una empresa, va disminuyendo paulatinamente el radio de precios libres de otros bienes y servicios que antes competían. Pero entonces la empresa se enfrenta, a medida que crece, con el mismo problema del socialismo que explicó Mises en 1922: la imposibilidad de cálculo de costos y precios por la ausencia de precios libres.

Cuanto más amplio es su margen de acción, a la empresa se la hace cada vez más difícil hacer ese cálculo y comienza a incurrir en pérdidas. A menos que esté protegida por el estado. Las grandes y enormes corporaciones, que después se las trata de fraccionar por ley, son fruto de prebendas y privilegios obtenidos por los "lobbies" en los congresos que generan todo tipo de intereses sectoriales. Y de vuelta lo mismo: esa es la antítesis del mercado libre, aunque las empresas sean nominalmente privadas.

P.: Yo me quería referir a los derechos de propiedad que existen sobre los descubrimientos científicos. Esas patentes, ¿son derechos de propiedad o son también fruto del intervencionismo?

R.: Bueno, no todos los austríacos han estado de acuerdo en eso. Creo que con el tema del patentamiento industrial hay dos riesgos que correr. Sus partidarios dicen que si no los ponemos, la creatividad industrial y los estímulos a las invenciones disminuyen. Sus no partidarios dicen que el riesgo de monopolio jurídico es inmediato. Me decidiría a correr el primer riesgo. Es tan necesaria la desregulación del mercado hoy en día, que las patentes deben ser eliminadas aún corriendo el riesgo de que algún estímulo a la invención disminuya. Cosa que no creo, porque el mercado, como "proceso de descubrimiento", como dice Hayek, tiene siempre estímulos para la renovación tecnológica: el sólo mantenerse en el mercado así lo requiere.

P.: ¿Y si una sola empresa patentara algo así como el genoma humano, como ocurrió en los EE.UU?

R.: Bueno, frente a ejemplos así, más necesario es no correr el riesgo de patentes industriales.

P.: Muchos monopolios se rompen por la creación de sustitutos. A pesar de las patentes nuevas ideas han destruido muchos monopolios, como el caso del plástico.

R.: Bueno, conforme a lo que venimos diciendo, los productos sustitutos aumentan la demanda potencial frente a un eventual monopolio momentáneo. Y esos productos sustitutos son fruto de ese mercado como proceso de descubrimiento. La clave del mercado no es tanto la tierra, el capital, el trabajo, sino la creatividad de la inteligencia humana. Ese es el "capital" básico de la economía. Actualmente casi todos los economistas están hablando de eso. Sin embargo fueron los austríacos (permítaseme el entusiasmo) aquellos para los cuales este tema fue el eje central de su posición económica. Esto lo vimos desde la primera lección. El motor del proceso económico es la "alertness", como otros discípulo de Mises, I. Kirzner, la denominó: la capacidad de estar alerta a las oportunidades de ganancia en el mercado, que es la contrapartida de esa "ignorancia ignorada" que todos tenemos en el mercado. Sin eso, imposible sería la explicación del proceso económico.

P. Bueno, pero para que todo eso deje de ser una utopía, para poder implementar eso en medio de otras naciones que protegen sus propios intereses. Bueno, si los demás protegen a sus productos y nosotros no, entonces nos comen los de afuera.

R.: Mire, yo sé que es muy difícil explicar cómo nos va a ir mejor con un mercado totalmente libre aunque los demás no lo tengan, así que para eso voy a poner un ejemplo muy usado, el de una calle. Vamos a suponer que usted en una calle tiene una panadería y todos los demás comercios de la misma calle se protegen contra sus ventas. O sea que la farmacia, la verdulería y la tintorería quieren desarrollar su propia industria de panadería y ponen un arancel a sus familias según el cual su pan vale el doble. Claro, usted queda en una mala situación. Su "reacción casi instintiva" sería no comprarles a ellos. Pero, si razona un poco, va a ver que queda en ese caso peor. Antes, no podía vender sus productos; ahora, tampoco puede comprar o comprar barato. Tiene que hacer usted sus propios vestidos, remedios, etc., con los mayores costos y menor productividad que eso implica. Su situación no podría ser peor. Al menos con una política de mercado libre unilateral de su parte usted estaba mejor. En el contexto internacional es lo mismo. Desde luego que la Argentina va a estar mal si la Unión Europea, por ejemplo, protege sus productos agropecuarios. Pero si nosotros hacemos lo mismo estaremos peor, porque todos nuestros costos internos, como vimos, aumentarán. Claro, si seguimos concibiendo al comercio como una guerra, nunca entenderemos esto. Otra vez, fue Mises, con claridad meridiana, quien dijo que el comercio es exactamente lo contrario a una guerra. Ahora bien, vuelvo a decir que el mercado libre no es la utopía de suponer que con ese sistema todo está solucionado y tenemos la paz perpetua. Hay otros factores políticos y jurídicos, como ya dijimos, necesarios para el mercado libre, y, digamos más: para una vida humana digna. Lo fundamental son los derechos individuales. Es moralmente obligatorio respetarlos. Lo demás es voluntario. Un mercado libre no implica necesariamente las comodidades de la civilización occidental. Los factores culturales son aquí claves. Puede haber una perfecta pobreza voluntaria, pero no se debe imponer. La pobreza coactiva, impuesta por los gobiernos y pagada fundamentalmente por los millones de niños que se mueren de hambre diariamente, es una inmoralidad, una inmoralidad mucho más terrible y profunda que el consumismo que es fruto de un corazón humano cuya única cura está en Dios y no en un sistema.

Antes de terminar, quiero decirles una última cosa. Karl Popper, uno de los más grandes filósofos de este siglo, afirmó claramente que el motivo del optimismo no consiste en saber que mañana vamos a estar bien. No, porque eso no lo podemos saber. El motivo del optimismo consiste en todo lo que podamos hacer "hoy". Creo que falta mucho, efectivamente, para que estas ideas se implementen, pero lo que hoy podemos hacer, fundamentalmente, es estudiarlas, profundizarlas y difundirlas. Este curso es lo que "hoy" hemos podido hacer, y en ese sentido hay motivos para ser optimistas.